AWÊ!
Gorau Cymro, Cymro oddi cartre.

Argraffiad cyntaf 2003
© y testun Dylan Llewelyn 2003
© llun y clawr Juha Tamminen Action images

Cyhoeddwyd gan Wasg y Dref Wen,
28 Ffordd yr Eglwys, Yr Eglwys Newydd,
Caerdydd CF14 2EA
Ffôn 029 20617860.

Argraffwyd ym Mhrydain.

AWÊ!

Gorau Cymro, Cymro oddi cartre.

Dylan Llewelyn
Golygydd Catrin Hughes

DREF WEN

Hoffwn gyflwyno'r llyfr hwn i'm teulu a'm ffrindiau,
ond yn fwya oll, i bawb sydd wedi cadw'r ffydd,
os nad y gobaith, yn fyw.

CYNNWYS

Er Gwaetha Pawb a Phopeth ...

"I'd bring your boots if I was you" oedd cyngor Alun Evans, Ysgrifennydd Cymdeithas Bêl-droed Cymru, wrth iddo sgwrsio efo Rhys Boore a minnau tu allan i'r Cae Ras yn Wrecsam ar bnawn Sadwrn braf ym mis Ebrill 1992. Cyfeirio oedd o at gêm ryngwladol yn erbyn Awstria bum niwrnod yn ddiweddarach – gêm gyfeillgar oedd mor affwysol ddibwys, doedd 'run o'r garfan wreiddiol wedi trafferthu mynd i chwilota am eu pasbort.

Ond er gwaetha gwendid amlwg y garfan, chafodd 'run o'r dwsin o gefnogwyr deithiodd i Fienna ei gapio gan Terry Yorath. Doeddan ni ddim digon da siŵr iawn. A dyna pam mai cefnogwyr ydyn ni, ac nid chwaraewyr rhyngwladol, debyg. Wedi pymtheg mlynedd o deithio, dwi'n gwbl argyhoeddedig fod 'cynrychioli' Cymru ar lwyfan rhyngwladol wedi bod yn fwy o fraint ac anrhydedd i'r garfan fechan o gefnogwyr nag ydi o i nifer o'r chwaraewyr.

Bwriad y llyfr hwn yw talu teyrnged i'r cefnogwyr hynny sydd wedi bod mor driw i'n tîm pêl-droed cenedlaethol mewn cyfnod sydd wedi gweld gorfoledd a thrallod am yn ail. Er gwaetha gwawdio dros Glawdd Offa, twyll achlysurol ein cefndryd Caledonaidd, difaterwch llethol y Cymry cyfryngol a chymdeithas bêl-droed sydd wedi bod yn dyst i fwy o goc-yps na brothel yn Bangkok, 'dan ni yma o hyd. Ac yn teithio doed a ddelo.

Fel rheolwr hunan-apwyntiedig *Clwb Pêl-droed Real Cefnogwyr,* dwi wedi bod yn lladd nadroedd yn ceisio llunio 'tîm ffantasi' o gefnogwyr Cymru ar gyfer y llyfr hwn. Ond falle mai fel 'tîm ffantastig' y dylwn i gyfeirio atyn nhw. Mae'r rhain ymysg y bobl orau i mi 'rioed eu hadnabod – pobol o bob cwr o Gymru a thu hwnt – a bu'n fraint a phleser o'r mwyaf gennyf dreulio amser yn eu cwmni yn sgwrsio, meddwi, canu, crio, cofleidio a chefnogi.

Iwan Pryce, un o'r Drîm Tîm Cymreig yma sy'n disgrifio'r ffenomen orau:

"Mae gwylio Cymru yn sleis o Gymreictod nad oes llawer yn gwybod amdano – cyfrinach gorau pêl-droed Cymru."

Siawns fod y llyfr hwn yn rhoi cip trwy gil y drws ar y tripiau tramor. Ond nid yw'n dadlennu gormod gobeithio, neu fydd pawb isho dod!

Il Presidente - Dai Davies

Mae beirniadaeth ddiflewyn-ar-dafod Dai Davies yn rhan o chwedloniaeth pêl-droed Cymru bellach – cofiwch mai fo honnodd fod gan Gymdeithas Bêl-droed Cymru fwy o "foreskin na foresight" ar raglen deledu fyw – a falle mai dyna pam fod cymaint o gefnogwyr Cymru yn uniaethu efo'r gŵr o Rydaman a enillodd hanner cant a dau o gapiau dros ei wlad rhwng 1975 ac 1983. Mae o'n deud hi fel 'dan ni'n ei gweld hi.

Ac os ydw i'n cael y fraint o fod yn rheolwr y tîm o ffanatics, pwy'n well i gael fel llywydd CPD Real Cefnogwyr na Dai Davies?

"Heb os, uchafbwynt fy ngyrfa broffesiynol oedd cael cynrychioli fy ngwlad ar rai o feysydd pêl-droed enwoca'r byd. Ac yna, ers ymddeol, rwyf wedi bod yn ddigon ffodus i gael fy nghyflogi gan BBC Cymru i leisio barn gonest am ber-fformiadau'r tîm pêl-droed cenedlaethol. A wyddoch chi beth? Boed ar y cae neu yn y pwynt sylwebu, pan ddaw hi'n amser canu 'Hen Wlad Fy Nhadau', mae yna falchder rhyfeddol yn llifo drostaf wrth weld rhes o Ddreigiau Coch, yn dynodi presenoldeb o bedwar ban Cymru, yn hongian ar ffens tu ôl i'r gôl.

Credwch chi fi, mae chwaraewyr Cymru, yr hen a'r ifanc, yn gwerthfawrogi cefnogaeth lew ar dir estron bygythiol, yn ogystal ag edmygu ymdrechion ac aberth y ffans. Ambell dro bydd cannoedd os nad miloedd o Gymry yn dilyn y cochion dramor. Ond mae yna un garfan fechan o gefnogwyr ffyddlon sy'n dilyn Cymru i bobman ers blynyddoedd, boed law neu hindda. Hyd yn oed dan gam-arweiniad Bobby Gould!

Nid teithiau moethus unwaith bob dwy flynedd i Gaeredin, Paris neu Ddulyn mo'r rhain. Mae angen tipyn o blwc i fentro ar eich liwt eich hunan i Minsk, Yerevan, Tiblisi, Warsaw, Sofia a Tirana pan fo'r canlyniadau mor siomedig.

Serch hynny, mae'r cnewyllyn teyrngar yma yn bachu ar y cyfle i gefnogi eu gwlad a gweld y byd. Cyfle hefyd i atgoffa pobol ein bod ni'r Cymry yn wahanol iawn i'r Saeson. Does dim yn well gen i na chwrdd â chynifer o Gymry Cymraeg o Gaergybi i Gaerdydd, yn rhai o lefydd mwya diarffordd Ewrop. Dwi'n teimlo'n agosach at y siaradwyr Cymraeg rhywsut, a braf clywed cymaint o Gymraeg ar strydoedd Helsinki, Belgrâd a Baku.

Mae cefnogwyr teithiol Cymru yn wirioneddol o ddifri am eu pêl-droed a'u gwlad. Ac o be dwi wedi ei weld, maen nhw'n gallu bod yn wirion bost hefyd ar adegau. Cyfuniad doniol o angerdd ac anhrefn. Ydi, mae dilyn Cymru yn fwy na gêm i'r rhain. Mae o'n ffordd o fyw.

Wir Yr!

Y peth mwya rhyfeddol am straeon y gyfrol hon yw fod pob un wan jac ohonynt yn gwbl wir. Credwch neu beidio, nid ffuglen sydd yma ond, yn hytrach, straeon go-iawn pobol go-iawn. A bois bach, does yna ddim prinder deunydd crai. Y broblem ydi dewis a dethol o blith holl hanesion y Cymry ar dir tramor.

Faswn i wedi gallu cynnwys hanes hogiau Port yn cael eu lluchio'n ddiseremoni allan o'u gwesty moethus – llawr teils oer ym mhrif orsaf drenau Lwcsembwrg – yn oriau mân y bore, cyn defnyddio dychymyg byw, a llond dwrn o ffrancs, i berswadio gyrrwr bws, oedd ar fin gorffen shifft, i yrru o amgylch strydoedd gwag y ddinas am ychydig oriau er mwyn iddyn nhw gael mymryn o gwsg.

Neu beth am y llanc o Gaerdydd gafodd ei dywys i'w wely noson cyn y gêm bwysig ym Minsk ar ôl ffrensi fodca? Roedd o wedi deffro 'drannoeth' yn llawn brwdfrydedd am y gêm fawr, dim ond i gael sioc drwy'i din pan esboniwyd ei bod hi bellach yn ddydd Sul ac yn amser mynd adra!

Methu gêm nath rhyw greadur o Glwyd hefyd ar ôl ei gor-neud hi yn Azerbaijan. Druan ohono, yn treulio diwrnod cyfan yn sâl fel ci yn ei wely, ac yn gorfod gwylio'r gêm ar deledu fydde'n siwtio arddangosfa o waith cynnar John Logie Baird i'r dim. Os oedd hynny'n ddigon o embaras iddo, aeth pethau o ddrwg i waeth i'r Cymro druan pan benderfynodd gyfadde i'w ffrindiau ei fod o wedi 'cael damwain bach' yn gynharach y pnawn hwnnw.

Roedd o wedi gorfod rhuthro i'r tŷ bach, ond doedd o ddim yn siŵr ai eistedd lawr ynte sdwffio'i ben i lawr y pan oedd ei flaenoriaeth. Gwaetha'r modd iddo fo, ond er mawr ddileit i'w ffrindiau honedig, fu ddim rhaid iddo ddewis. A deud y gwir nath o'm hyd yn oed cyrraedd y lle chwech cyn gneud llanast go-iawn ar bedwerydd llawr ar ddeg Gwesty'r Absheron yn Baku.

****

Tydi'r ymchwil ddim yn gant y cant wyddonol, ond mae yna batrwm go bendant sy'n rhyw led-awgrymu fod yna berthynas glòs rhwng alcohol ac ymddygiad bisâr dros y môr. Heb lond cratsh o Stella, anodd credu y bydde bachgen o'r Rhondda wedi dathlu gôl Dean Saunders ym Mrwsel yn 1991 gyda'r fath arddeliad. Neidiodd dros andros o ffens uchel a rhedeg ar y cae. Ond, yn hytrach na mynd i gofleidio Deano am unioni'r sgôr, rhuthrodd yn syth am y ci plismon mwya mileinig yr olwg yn y stadiwm, yn y ddinas, yn yr holl blydi wlad hyd y gwn i. A rhoi homar o sws iddo cyn ei heglu hi 'nol i ddiogelwch corlan o gefnogwyr Cymreig!

Beth am y twrna uchel ei barch yn Llundain nath ddeffro drannoeth y gêm ym Mwcarest yn 1992, a darganfod, wrth bacio, ei fod o wedi cyfnewid crys Cymru newydd sbon am fest fudr efo lliwiau baner Rwmania wedi eu peintio'n uffernol o wael arni? Mi fentra i fod presenoldeb poteli shampên am lai na phishyn chweugain yr un ym mariau'r ddinas wedi amharu ryw ychydig ar resymeg arferol y twrna twp.

Pethau peryg ar y naw ydy'r Cymry proffesiynol alltud 'ma. Wel, peryg iddyn nhw eu hunain 'ta beth! Gohebydd addawol efo un o bapurau Sul mwya parchus a phoblogaidd Prydain gafodd antur a hanner ar daith i Serbia ym mis Awst 2003. Treuliodd saith noson ar lannau'r Adriatig ym Montenegro, ond treuliodd un o'r nosweithiau hynny 'yn' yr Adriatig. Ac ynte dan ddylanwad y *pivo* lleol, roedd o, ynghyd â'i basbort, ei ffôn symudol a'i gardiau credyd, wedi disgyn i'r harbwr tra oedd yn busnesu ar y cychod a'r llongau oedd wedi mwrio yno. Nid dyna sut roedd capten un o'r llongau 'di gweld hi cofiwch. Roedd o 'di ffonio'r heddlu lleol i riportio rhywun amheus yn ceisio dwyn cwch 'sgota. Yn amlwg roedd hi'n noson ddistaw i warchodwyr cyfraith a threfn ym Montenegro – o fewn dim roedd yna bedwar plismon yn erlid y gohebydd ifanc ar draws yr harbwr … ar *pedalo*!

Roedd y pedwar ar y *pedalo* yn rhy gyflym i'r Cymro gwlyb diferol. Roedd o mewn cyffion cyn cyrraedd tir sych, ac fe gafodd anaf hegar i'w dalcen pan daflwyd o'n ddiseremoni i'r llawr. Er gwaetha, neu efallai oherwydd, y ffaith nad oeddan nhw na fo yn dallt ei gilydd o gwbl, cafodd ei ryddhau o'r diwedd, pan, yn ei eiriau gonest ei hun, *"they realised that I was just a dickhead, not an international terrorist"*.

Cafodd ei gyfaill drip a hanner hefyd. Roedd hwnnw wedi cael pigiad hegar iawn yn gynnar yn y gwyliau. Roedd o mewn cymaint o boen, roedd o wedi gorfod mynd at feddyg yn Podgorica, prif ddinas Montenegro, cyn parhau â'u taith i Belgrâd.

"Oh, my God!" oedd ymateb cynta'r meddyg, cyn egluro mai pigiad gan sgorpion oedd wedi achosi'r annibendod. Roedd angen mwy na Nurofen a Diocalm (cit cymorth cynta elfennol y Cymro oddi cartre) i wella'r claf, ac fe roddwyd potel o asid iddo gan ddeud wrtho am neud yn siŵr ei fod o'n boddi'r briw yn rheolaidd dros y dyddiau nesa.

Yn amlwg doedd y bownsars yn sefyll ar giât y cefnogwyr oddi cartre yn stadiwm Red Star ddim yn hyddysg mewn materion meddygol. Roeddan nhw'n edrych fel tasan nhw'n gwybod yn iawn sut i roi rhywun mewn ysbyty, ond heb boeni rhyw lawer am ddulliau iacháu a ballu!

Roeddan nhw'n archwilio holl gefnogwyr Cymru, ac yn mynd â phethau peryglys fel tanwyr sigaréts oddi arnom. Doedd dim rhaid i'r smygwyr yn ein mysg boeni rhyw lawer gan fod Ultras Partizan Belgrade yn amlwg yn fwy na bodlon rhoi benthyg eu tanwyr nhw. Pam arall fasan nhw wedi taflu cymaint ohonynt atom 'ta? Rhag-baratoad ar gyfer Milan tybed?

Pethau rhyfedd ydi archwiliadau diogelwch tu allan i feysydd pêl-droed. Yn ninas Novi Sad i wylio tîm dan un ar hugain Cymru yn erbyn eu cyfoedion Serbaidd, roedd Mark Ainsbury wedi cael trafferth efo stiward penstiff. Roedd hwnnw wedi gwrthod gadael i Mark fynd â photel blastig o hufen haul i fewn i'r maes am ei fod o'n declyn peryglus!

Yn San Jose, profodd Neil Dymock ei allu i feddwl yn chwim pan fynnodd stiward nad oedd ganddo hawl mynd â rycsac i'r gêm oherwydd gofynion diogelwch. Holodd Neil a oedd hi'n iawn mynd â bag plastig i fewn, a phan ddwedodd y stiward fod hynny'n dderbyniol, wele Neil yn plygu'r rycsac yn fach, ac yn ei sdwffio fo i fewn i'r bag Tescos cyn brasgamu'n hunanhyderus heibio'r stiward!

Ta waeth, 'nôl â ni i Belgrâd. Ac os nad oedd modd cael mynediad efo leitar, doedd gan ffrind y sgorpion ddim obadeia gweld y gêm efo potel o asid yn ei boced nad oedd? Cafodd ddau ddewis gan y boi mewn lifrai parafilwrol os oedd o am gael mynediad – yfed cynnwys y botel neu ei rhoi hi iddo fo i'w chadw'n 'saff'.

Bu'n rhaid i'r creadur dynnu ei grys a dangos ei friw i'r bownsar, heb sôn am apelio'n daer at natur ddyngarol amlwg y cawr bygythiol, cyn dwyn perswâd arno mai meddygaeth ac nid hwliganiaeth oedd tu cefn i bresenoldeb y botel yn Belgrâd. Dwyawr yn ddiweddarach, a Chymru wedi colli mor siomedig, roedd y cyfaill yn difaru nad oedd o wedi gwrando ar y clown mewn combats ac wedi rhoi clec i'r botel!

****

'Mond lle i un ar ddeg sydd gan reolwr pêl-droed wrth gwrs, ac fe gewch gwrdd â'r drîm tîm hwnnw yn y man. Ond, yn wahanol iawn i Mark Hughes, does gan CPD Real Cefnogwyr ddim prinder sêr wrth gefn. Ac fel un sy'n hynod awyddus i feithrin ysbryd carfan gyfan, dwi wedi penderfynu cynnwys straeon difyr y rheiny sy'n disgwyl yn amyneddgar yn y bar … sori, ar y fainc!

CHESTER

Manylion personol

Enw: Wiliam Rhys Afan Hartley
Dyddiad geni: Mawrth 14eg 1994
Man geni: Caerdydd
Cartref: Caerdydd
Llysenw: Chester, neu Leggy Bach
Statws priodasol: Dim eto
Swydd: Disgybl ysgol ac actor *Pobol y Cwm*
Cymwysterau: Bathodyn nofio 50 metr

Hoff bethau?

Bwyd: Chicken Korai Madras o fwyty'r 'Paradise Tandoori' yng Nghaerdydd
Diod: J2O
Anifail: Cathod Burmese
Rhaglen deledu: *The Simpsons*
Cerddoriaeth: Elvis Presley, Frank Sinatra, The Clash
Tîm pêl-droed: Blooooobirds!

Arwr plentyndod? Andy Legg

Hoff siant bêl-droed?
'Gwŷr Harlech' – wi'n gwybod y geiriau Cymraeg!

Stadiwm waetha?
Yn Abovyan – gêm dan 21 rhwng Armenia a Chymru.

Hoff chwaraewr?
O blith y garfan bresennol, Danny Gabbidon. Dean Saunders yw fy hoff chwaraewr o'r gorffennol.

Pa berson enwog hoffech chi gwrdd â fo?
Elvis Presley – i siarad am ei gerddoriaeth.

Tasach chi ddim yn dilyn Cymru, be fasach chi'n neud?
Cefnogi pwy bynnag mae Lloegr yn chwarae yn eu herbyn.

Pa gyngor byddech chi'n ei roi i chwaraewyr Cymru?
Dysgwch y blincin anthem genedlaethol!

O'r Crud ...

"Ers pryd wyt ti'n cefnogi Cymru, felly, Rhys?" oedd cwestiwn agoriadol Lowri Morgan, un o gyflwynwyr bywiog y rhaglen blant boblogaidd, *Uned 5*, ar S4C.

Dim ond chwe gair oedd ateb Rhys. Nid ateb swta na swil mohono cofiwch. Yn hytrach, chwe gair oedd yn egluro pam fod bachgen naw oed eisoes wedi ymweld â gwledydd fel yr Eidal, Armenia, yr Wcráin, Norwy, y Ffindir ac Azerbaijan i gefnogi'r cochion.

"Ers i mi gael fy ngeni." Ateb cwbl ddifrifol Wiliam Rhys Afan Hartley.

Falle mai Wiliam Rhys Afan Hartley sydd ar ei dystysgrif geni, ond, ac ynte'n wyneb cyfarwydd ar deithiau tramor Cymru ers rhai blynyddoedd bellach, fel 'Leggy Bach' neu fel 'Chester' y caiff ei gyfarch gan bawb. Roedd y llysenw cynta'n eitha amlwg a deud y gwir, gan fod mop o wallt melyn ar gorun y ffanatic Caerdydd – yr un ffunud â mop o wallt melyn Andy Legg, cyn-seren yr Adar Glas. Ond o ble daeth yr enw Chester?

Ei dad, Tim, sy'n cael y bai am hwnnw. Am ryw reswm, dechreuodd gyfeirio at y lwmp ym mol Helen, ei wraig, fel Chester, ac mae'r ffugenw wedi glynu o'r groth i gaeau pêl-droed ledled y byd. Rhys ydi Chester i Helen. Chester ydi Rhys i Tim. Rhys Hartley sydd ar gofrestr Ysgol Pencae yn Llandâf. Chester Hartley sy'n ymddangos ar ei docyn tymor ym Mharc Ninian. Sôn am gymhleth!

****

Prin chwe wythnos ar ôl gneud ei ymddangosiad cynta ar y ddaear hon, Maes yr Arfau welodd Chester yn cael ei flas cyntaf o hudoliaeth y bêl gron. O'r crud – yn llythrennol. Tydio'n cofio dim am y diwrnod hwnnw siŵr iawn, ond roedd hi'n gêm fawr. Ffeinal Cwpan Cymru a Chaerdydd, tîm ei rieni, yn wynebu y Barri. Cweir ac embaras gafodd yr Adar Glas y diwrnod hwnnw – paratoad perffaith am fywyd yn dilyn y tîm pêl-droed cenedlaethol.

Bu'r Gleision yn fwy llwyddiannus pan ymwelodd Chester â Pharc Ninian am y tro cynta. Tair oed oedd o pan welodd ei arwyr yn trechu Brentford. Cyfaddefa bellach fod ofn mawr arno drwy gydol yr hanner cynta, ond roedd yr adrenalin yn llifo erbyn yr ail hanner, ac o fewn awr a hanner roedd o'n gaeth i gyffur gwefreiddiol y gêm. Chwe mlynedd yn ddiweddarach, mae o eisoes wedi ymweld â dros hanner cant o feysydd pêl-droed ledled Cymru a Lloegr wrth ddilyn Caerdydd, gyda sawl cyrchfan newydd ar y gorwel yn dilyn dyrchafiad dramatig tîm Lennie Lawrence a Sam Hammam ym mis Mai 2003.

Mae 'na filoedd ar filoedd o blant oed Chester wedi mopio ar bêl-droed yndoes? Wedi'r cwbl fuo 'na rioed gêm symlach i'w chwarae. Rhowch bêl a mymryn o dir i griw o blant ac mi fentra i y byddan nhw'n cynnal gêm ffwtbol mewn chwinciad. Ond be ar wyneb daear ysgogodd Chester i droedio cyfandir Ewrop yn gwylio Cymru?

Cafodd Chester Hartley ei flas cynta o ffwtbol cyfandirol flwyddyn cyn ei flas cynta o Gymru dramor. Y San Siro falle? Beth am y Nou Camp? Y Stade de France? Wel dim cweit. Y Beirut Municipal Stadium oedd man cychwyn 'gyrfa' Chester – tra oedd ar wyliau teuluol yn y ddinas! Andros o gêm bwysig cofiwch – ffeinal Cwpan Libanus rhwng Shabab a Nejmeh. Wedi reid mewn tacsi o amgylch pob stadiwm arall yn y ddinas, yn cynnwys bowlen goncrit o stadiwm genedlaethol Camille Chamoun, a chan groesi'r hen Linell Werdd oedd, yn eironig ddigon, yn gwahanu'r Dwyrain Cristnogol a'r Gorllewin Moslemaidd, dyma gyrraedd y stadiwm union hanner ffordd drwy'r hanner cynta. Roedd cyflwr y maes a'r stadiwm yn ddiawledig, yn siwtio safon y chwarae yn berffaith. Mae rhywun yn dechrau amau fod rhieni Chester wedi ymdrechu'n llew i baratoi eu mab am fywyd yn dilyn Cymru dramor!

Cyfle i wylio gêm, a chyfle, heb os, i flasu bywyd tu allan i'r culni traddodiadol Cymreig. A hithau'n bnawn Gwener, difyr oedd gweld nifer fawr o'r dorf yn gadael eu seddi ar yr egwyl ac yn mynd i weddïo yng nghefn yr eisteddle. Cafodd Chester gynnig gwydraid o lemonêd, bisgedi a gwers wleidyddol gynnar gan deulu ifanc cyfagos.

Ar ôl torri syched, daeth Chester – y bachgen pedair oed – yn ôl at ei rieni gan ddatgan …

"Ni'n casáu'r Iddewon yn tydan Dad?"

****

Os oedd Beirut yn swreal, doedd o'n ddim o'i gymharu â'r tro cynta fentrodd Chester dros y môr i wylio'i wlad. Cyfuniad egsotig o 'Wŷr Harlech', gwŷr mewn ffrogiau a gŵr o'r enw Gould oedd y danteithion fu'n ei ddisgwyl yn ninas Bologna yn yr Eidal ym mis Mehefin 1999. Gan hidio dim am statws, safon a holl hanes yr Eidalwyr, a chan ddiystyru'n llwyr mai Bobby Gould oedd yn llywio'r Titanic Cymreig, wele ddiniweidrwydd plentyn pum mlwydd oed, wrth i Chester ddarogan llwyddiant ysgubol – buddugoliaeth o naw gôl i ddim – i'r cochion, mewn cyfweliad ag Alun Wyn Bevan ar gyfer rhaglen *Heno*. Wyth gôl i Giggs a'r llall i Andy Legg wrth gwrs, oedd am gamu i'r maes fel eilydd!

O leia, yn ei gêm Cymru gynta 'rioed, cafodd Chester ddôs gynnar o'r realiti sy'n perthyn i'r fath deithiau. Hynny yw, Cymru'n cael cweir a hanner, ond y cefnogwyr yn cael digon o sbort i leddfu'r boen. Tasa'r Eidal wedi bod yn ddiawledig o wael, fasan nhw'n dal wedi bod yn rhy dda i Gymru Bobby Gould y noson honno, ond yn hytrach na chladdu'u pennau'n y plu, trodd y gyflafan yn basiant o ganu, bloeddio a dawnsio gan y cefnogwyr.

Syllu'n syn nath yr Eidalwyr yn yr eisteddle drws nesa wrth wylio cefnogwyr Cymru'n tynnu'u crysau a'u chwyrlïo o amgylch eu pennau wrth 'ganu' 'Gwŷr Harlech'. Hynny yw, y math o ganu meddw pan nad oes 'run o'r côr honedig nac yn gallu dal tiwn nac yn gwybod y geiriau. Awr solat fyddarol o…

> *"dy dy dy, dy dy dy {clapio dwylo}*
> *dy dy dy, dy dy dy {clapio dwylo eto}*
> *dy dy dy*
> *dy dy dy dy dy dy*
> *dy dy dy dy dy dy, dy dy dy dy dy {clapio dwylo}*
>
> *dy dy, dy dy*
> *dy dy, dy dy*
> *dy-dy-dy-dy-dy-dy-dy-dy-dy-dy*
>
> *dy dy dy, dy dy dy dy dyyyyyyyyyy*
> *dy-dy, dy, dy-dy" {rîpît}*

Sgoriodd yr Eidalwyr bedair gwaith. Pedair gwaith fe godwyd lefel y gefnogaeth. Po fwya'r embaras, mwya'r gefnogaeth. Roedd o'n ddigwyddiad rhyfeddol a deud y gwir – carfan o chwaraewyr yn cael eu haeddiant, ond carfan o gefnogwyr yn amlwg ddim.

Cofiwch, nath pob Cymro ddim tynnu'i grys a'i chwifio. Roedd yna hefyd ddwsin o ffrogiau blodeuog yn chwyrlïo yng nghanol y crysau replica chwyslyd!

Amser am gyffesiad dybiwn i. Fi, am ryw reswm annelwig bellach, awgrymodd y basa hi'n hwyl gwisgo ffrogiau i'r gêm. Ond dwi'n teimlo fod treulio bora cyfan yn pendroni dros ein

Gwŷr mewn ffrogiau, Bologna 1999

gwisgoedd a phnawn cyfan ar ryw fath o *'hen night'* Eidalaidd wedi talu ar ei ganfed, gan iddo gyfrannu at y profiad cwbl ryfedd o ddilyn tîm pêl-droed Cymru. Profiad fu'n amlwg wrth ddant yr Hartleys yn Bologna a byth ers hynny.

Gyda llaw, bonws annisgwyl oedd clywed am ymddiswyddiad Bobby Gould wedi'r gêm. A rheswm arall dros ddathlu colli'r gêm!

****

A hithau'n athrawes ei hun, falle fod presenoldeb Chester ar rai o dripiau canol wythnos Cymru, a'i absenoldeb o'i wersi yn Ysgol Pencae, wedi gosod Helen mewn sefyllfa gas. Bydde rhai yn beio'r rhieni am ysgogi hobi sy'n gweld eu plentyn yn methu ambell ddiwrnod academaidd er mwyn cofrestru yn ysgol brofiad bywyd. A Duw a ŵyr be fydde'r plismon plant yn ei ddeud tasa fo'n darllen am anturiaethau Chester yn aros ar ei draed tan yr oriau mân mewn llefydd lliwgar a difyr fel y 'Cowboy Bar' yn Kiev a'r Lancaster Gate yn Baku.

Ond mae yna ddadl gref fod gan Chester le i ddiolch i'w rieni am ehangu ei orwelion yn arw, drwy agor drysau i ryfeddodau'r byd iddo. Pa blentyn ifanc arall sy 'di cael y profiad o ennill cystadleuaeth carioci mewn tŷ tafarn yn Oslo am ganu "What's New Pussycat?" neu sydd wedi cloi'r noson mewn bar hoyw yn Helsinki drwy ganu "Hen Wlad Fy Nhadau"?

Tydi pob un profiad ddim yn rheswm dros ddathlu na diolch, cofiwch. Ysgytwad i unrhyw un â mymryn o galon a chydwybod yw gweld plant yn begera ar strydoedd prifddinasoedd Ewrop. Yn bersonol, fedra i byth anghofio wynebau'r plant fu'n begera'n orffwyll ar strydoedd Bwcarest yn 1992. 'Sgwn i be oedd ffawd y creaduriaid despret? Dwi'n gwybod fod Chester hefyd wedi dychryn pan welodd o ferch fach tua'r un oed ag o – sef saith oed – yn begera'n druenus ar risiau'r orsaf drenau drws nesa i'w westy pan ymwelodd â Kiev yn 2001. Y fo yn teithio Ewrop tra bod y ferch yn brwydro i aros yn ei hunfan. Dwi'n amau rywsut fod y Cymro bach 'di dysgu mwy am realiti tlodi ac annhegwch cynhenid y blaned, wyneb yn wyneb â'r ferch yma, na thrwy bori drwy CD-ROM mewn 'stafell ddosbarth gynnes yn Ne Cymru.

Hynod ddifyr a deud gwir fydde gwybod faint o athrawon, heb sôn am blant ysgol fydde hyd yn oed yn gwybod lle mae Armenia, Azerbaijan a'r Wcráin. Tybed faint ohonyn nhw fydde'n gallu enwi prifddinasoedd y gwledydd hyn? Mae rhieni Chester wedi sicrhau fod eu mab yn gneud mwy na jyst mynd i wylio gêm bêl-droed ar y fath deithiau – bydd bob amser yn darllen neu'n syrffio'r we cyn teithio er mwyn dysgu am y wlad ddiweddara i'w groesawu. Hanes, daearyddiaeth, iaith, diwylliant – mae'n bosib ateb gofynion cwricwlwm gyfan ar un daith ffwtbol!

Ond os ydych chi'n dal i amau faint o werth addysgiadol sydd yna i'r fath anturiaethau, falle fod modd i rai o brofiadau Chester ar lannau Môr Caspia ddwyn perswâd arnoch fod cymaint o werth ac o bwys yn perthyn i dripiau ffwtbol ag sydd i dridiau mewn dosbarth.

****

Chester a ffrind newydd yn Norwy

Ac yntau wedi gwneud cysylltiad gyda gŵr o'r enw Tigran Xmalian – Cyfarwyddwr Ysgol Ffilmio Dogfennol Yerevan – roedd Tim (tad Chester) wedi llwyddo i gael defnyddio fflat breifat yn y ddinas honno ar gyfer y gêm rhwng Armenia a Chymru yn 2000. Roedd yna bedwar ohonynt yn teithio gyda'i gilydd – Tim, Chester, Sam a John Jones o Fangor – ond gan ei bod hi yng nghanol tymor, doedd Helen druan, yn wahanol i'w mab, ddim yn gallu cymryd gwyliau o'r system addysg!

Y rhesymeg tu cefn i ddefnyddio fflat oedd i osgoi defnyddio'r gwestai unffurf gorllewinol diflas a drud rheini sy'n llawn o ddynion busnes gorllewinol unffurf a diflas ond, yn bwysicach fyth, er mwyn ceisio cael blas ar fywyd go-iawn yn Yerevan.

O edrych ar fflat Edward – cyn-beiriannydd 68 oed – doedd yna fawr o flas ar fywyd yr Armeniad cyffredin. Nac ar eu bwyd ychwaith. Ar ôl glanio'n hwyr y nos a chael eu hebrwng i'w llety preifat, cawsant groeso twymgalon gan Edward … a phryd o fwyd nad oeddent wir ei angen. Salami mewn wy wedi'i sgramblo efo rhyw bysgodyn poblogaidd lleol oedd ar y fwydlen, ond, rhywsut neu'i gilydd, roedd siâr pawb arall ar blât Tim pan adawodd Edward yr ystafell am eiliad!

Os oedd hedfan mor bell a'i gyflwyniad i ymborth Armeniaidd wedi bod yn brofiad difyr os diflas i Chester, roedd gweld gwir gyflwr y fflat yn ddigon i neud iddo fo ddechrau crio a deud 'i fod o *"isho Mami"*. Nid fo oedd yr unig un mewn dagrau – roedd Sam hefyd yn emosiynol iawn wrth sylweddoli nad oedd yna drydan yn y fflat, fod rhaid iddynt ddefnyddio bwcad o ddŵr os am fflysio'r tŷ bach a bod angen rhannu tanc o ddŵr uwchben y bath os am folchi. Rhyw fath o *'frequent flyer upgrade'* oedd y cocrotsis!

Yn naturiol, Tim gafodd y bai, gan mai fo drefnodd y lley, ond o leia roedd o'n agoriad llygad i bob un ohonynt am safonau byw truenus pobloedd mewn gwledydd eraill. Agoriad llygad arall oedd darganfod mai deintydd oedd eu gyrrwr personol, ond ei fod yn ennill mwy o bres yn tywys cefnogwyr Cymru o amgylch ei ddinas na fasa'n bosib iddo'i wneud yn dilyn ei alwedigaeth. Ei ffi fel gyrrwr oedd pymtheg doler ar hugain y dydd, ffi oedd yn cynnwys fo, y car a'r petrol gyda llaw. Profiadau i atgoffa'r bachgen ysgol o'i fywyd breintiedig 'nôl yn Llandâf.

****

Ond falle mai cwrdd â bachgen bach arall, yn y wlad drws nesa i Edward a'i fflat gyntefig, roddodd y wers fwya gwerthfawr hyd yma i Chester fel Cymro oddi cartre. A deud y gwir, nid Chester oedd yr unig un gafodd ddôs o wyleidd-dra go-iawn, ond yn hytrach bob un ohonom a fentrodd ar daith tacsi beryg bywyd ar lonydd anhrefnus Baku er mwyn cwrdd â thrigolion cartre i blant amddifad yn Azerbaijan. Cartre rhif 3 yn ardal Khatai yn ninas Baku, prifddinas Azerbaijan i fod yn fanwl gywir.

Sylwer mai rhif ac nid enw oedd yn perthyn i'r cartre – esiampl o bolisi a meddylfryd y cyn-oes Sofietaidd mae'n siŵr, ond falle fod 'na elfen o hwylustod hefyd. Wedi'r cwbl, gyda miloedd ar filoedd o blant amddifad yn Azerbaijan, mae yna ddwsinau ar ddwsinau o gartrefi yn rhoi lloches iddynt. Onid haws rhoi rhif iddynt a chanolbwyntio ar y gofal na cheisio meddwl am enw 'neis'?

'Mond ers ychydig wythnosau yr oedd Amil, dyflwydd oed, a'i frawd pedair blwydd oed, Famil, wedi bod yn byw yn y cartre. Daethant yno am fod eu mam wedi gadael y cartre teuluol oherwydd salwch meddwl, a roedd eu tad yn methu'n lân â chadw dau ben llinyn ynghyd rhwng gwaith a gofal. Ond, er y newid byd, roedd y ddau frawd bach wedi setlo'n rhyfeddol o dda yn ôl Gunel, y gyfieithwraig o'r elusen drefnodd ein hymweliad.

Wedi'r cyflwyniadau ffurfiol, ambell gyfarchiad a sioe o ganu traddodiadol a dawnsio disgo i glasuron fel *Cotton-Eyed Joe* gydag eironi coll llinellau fel *Where did you come from? Where did you go?* roedd hi'n amser i'r ymwelwyr Cymreig agor y sachau o anrhegion a'u dosbarthu ymhlith y plant. Crysau pêl-droed, crysau-T gan *Uned 5*, beiros, brwshys dannedd a lluniau o sêr Cymru fel Ryan Giggs yn cael eu rheibio gan blant oedd yn cael gofal sylfaenol, ond fawr ddim arall yn ôl yr hyn a welwn i. Yn wahanol i'r lluniau newyddion o Rwmania yn y nawdegau, doedd yna ddim budreddi esgeulus na cham-drin maleisus yma, ond doedd ganddyn nhw ddim byd ychwaith. Mae'n siŵr mai dyna pam eu bod nhw 'di mopio efo lluniau lliw o Robert Page hyd yn oed – gŵr fydde byth bythoedd yn cael ei ystyried yn un o sêr tîm Cymru. Y bore hwnnw, roedd Rob Page yn fwy o seren yn Azerbaijan nag yr oedd o yn ei wlad ei hun!

Roedd Tim a Chester wedi dod â llond bag o hen grysau pêl-droed a chrysau-T i roi i'r plant, ac o fewn dim, roedd Amil yn berchennog balch hen grys-T glas o eiddo Chester, gyda llun trawiadol o Che Guevara ar y blaen. Wedi'r croeso anhygoel, roedd hi'n anodd gadael y cartre a deud y gwir. Fe brofodd hi'n anos fyth i Chester gan fod Amil yn gwrthod gadael iddo fynd.

Hyd yn oed heb unrhyw iaith gyffredin rhyngddynt, roedd Chester wedi gwneud ffrindiau newydd ac wedi sylweddoli pa mor ffodus roedd o, yn cael teithio'r byd yn gwylio dynion yn cicio pêl, tra bod yr Azeris bach yn gwirioni cael pethe nad oedd o'n gweld eu hangen mwyach.

Nid dadl yn erbyn addysg gonfensiynol mo hon, ond dadl o blaid cyfoethogi profiadau bywyd plentyn drwy ddangos iddo rywfaint o'r byd mawr o'n cwmpas. Mae'n amlwg fod Rhys a Chester yn cael modd i fyw ar y fath deithiau ac wedi dysgu llawer drwy fynd.

A diolch i'r drefn fod Chester wedi mynd i Azerbaijan. Oherwydd y gwahaniaeth amser o bedair awr rhwng Caerdydd a Baku, roedd Ysgol Pencae wedi trefnu i'r plant gael gwylio'r hanner cynta yn yr ysgol. Ond nid dyna ddigwyddodd i ddosbarth Rhys Hartley. Ar ôl cyrraedd adre, clywodd Rhys na chawson nhw wylio'r gêm o gwbl, gan fod Mrs Evans wedi mynnu eu bod yn ymarfer eu profion mathemateg! 'Mond gobeithio fod Mrs Evans 'di dysgu ei gwers, yndê!

Lembos Mewn Limos

Roedd yna dipyn o gynnwrf yng ngwesty prysur yr Hilton yn San Jose. Tra bod carfan Cymru a'u tîm hyfforddi, heb sôn am nifer go lew o gefnogwyr, wedi ymgynnull yn y cyntedd, llithrodd dau *stretch-limo* gwyn yn urddasol-ddistaw at y brif fynedfa.

Roedd y chwaraewyr, yr hyfforddwyr a'r cefnogwyr yn craffu'n fusneslyd, gan obeithio gweld J-Lo yn camu'n secsi allan o gefn y limo cynta a Halle Berry'n dilyn yn slinci o'r ail. Siom o'r mwya felly oedd ymddangosiad y wynebau gwrywaidd Cymreig.

Yn y car cynta, Gary a Griff o Gaergybi, Elfyn ac Ems o Borthmadog, ac Iwan o Gaerdydd. Ac yna yn yr ail, wele dri o hogia gora Port (Tommie, Terry a Gareth Humphreys) yng nghwmni'r yfwyr rhyfeddol o'r Bala, Keith Humph a'r anfarwol Aled Parcyn.

Mae Aled wedi meithrin 'catchphrase' unigryw ar deithiau Cymru. Un bachog ydi o hefyd – pob gair wedi ei socian mewn Cymreictod amaethyddol Penllyn, a phob un yn rhoi'r darlun cliria posib i chi o'i agwedd syml at fywyd … *'Dwi'n mynd i'r pyb.'*

Gan fod San Jose yn dwll o le, roedd pawb yn aros yn San Francisco. Paradwys dwristaidd a deud y gwir – cyfle i reidio beic dros bont y Golden Gate, i ymweld â charchar enwog Alcatraz, neu hyd yn oed i ail-fyw plentyndod y saithdegau pan oedd strydoedd serth San Francisco dan ofalaeth Karl Malden a Michael Douglas. Cyfle hefyd i chwilio am fargeinion mewn siopau dillad drud fel Prada a Burberry. Ond yn ôl Parcyn, *'fedrwch chi brynu dillad yn Stryd Fawr Bala. Dwi'n mynd i'r pyb. Wela i chi yna.'*

Yn naturiol, felly, roedd o yn ei seithfed nef pan glywodd am arlwy'r limo fydde'n ei dywys i San Jose. Am hanner can punt yr un, roeddan nhw'n cael siwrne foethus o ddrws i ddrws, defnydd o'r teledu a pheiriant cryno-ddisgiau, a pyb mewn car! Rhyfeddol.

Roedd 'na hawl i yfed faint a fynnid o gwrw tra bo'r limo'n symud. Cistia rhew yn llawn Budweiser, heb sôn am ddecanteri whisgi, brandi a bwrbon. Ianci Dwdl Dandi a God Bless America myn uffarn i!

Roedd hogia'r limo cyntaf yn ei morio hi am San Jose yn yfed brandi a gwrando ar hen ffefrynnau'r Police ar CD *The Best of Sting* pan sgrialodd yr ail limo heibio gyda Humph (Port) yn hongian allan o'r ffenast. Doedd yna ddim rheswm amlwg am or-yrru, ond damcaniaeth hogia'r reid hamddenol oedd fod y gyrrwr arall 'di dychryn wrth weld ei elw'n diflannu cyn gyflymed â'r bwrbon yng nghefn ei gar.

Roedd yna hen swancio ymysg y deg Cymro gamodd o'r limos tu allan i'r Hilton i gasglu eu tocynnau i'r gêm. Anodd peidio swancio, mae'n siŵr, wrth i bêl-droedwyr rhyngwladol proffesiynol, mewn 'role-reversal' anarferol, syllu'n syn ar y rhain yn arllwys allan o'r ceir crand.

Roedd yr hogia'n teimlo mor cŵl wrth lamu i fyny'r grisiau tuag at brif fynedfa'r gwesty. Cŵl, hynny yw, tan iddyn nhw ruthro'n syth i mewn i'r drws gwydr nad oedd yn ddrws gwydr ond yn ffenast! A phan mae'r fath swigan o bwysigrwydd yn byrstio mor ddisymwth, pwysig cofio cyngor Aled Parcyn – a chwilio am y pyb agosa.

HUW JONES

Manylion personol

Enw:	Huw Jones
Dyddiad geni:	Medi 2il 1957
Man geni:	Rossett – reit ar y ffin rhwng Wrecsam a Chaer
Cartref:	Corwen
Llysenw:	Huw Chick
Statws priodasol:	Sengl
Swydd:	Rheolwr Swyddfa Post
Cymwysterau:	Fawr ddim gwerth brolio amdano

Hoff bethau?

Bwyd:	Iau a nionod
Diod:	Stella Artois
Anifail:	Teigrod
Ffilm:	*Moby Dick* – y fersiwn wreiddiol
Gwlad:	De Affrica
Cerddoriaeth:	Rwbath sydd ddim yn rhy swnllyd
Rhaglen deledu:	*Porridge / Open All Hours*
Tîm pêl-droed:	Cymru, Corwen, Merched Corwen

Taith orau? Cyprus yn 1992 – buddugoliaeth, wythnos o wyliau, poteli Carlsberg oer a nyrsys Gwyddelig!

Cas chwaraewr?
Hawdd. Joe Jordan

Arwr plentyndod?
Jim Clarke – y rasiwr ceir gwych.

Diddordebau?
Cynllunio cynllwyniau cyfrwys!

Pa gyngor byddech chi'n ei roi i chwaraewyr Cymru?
Dilynwch Mark Hughes reit i'r pen.

Tasach chi ddim yn dilyn Cymru, be fasach chi'n neud?
Gwirfoddoli i deithio ar y roced gynta 'rioed i blaned Plwto.

Huw Jones, Y Cymro

Tasach chi'n ddigon trist i greu oriel anfarwolion i'r rheini sy'n meddu ar berthynas glòs gydag anifeiliaid anwes artiffisial, siawns y bydde lle i rywun fel Jim Henson – dyn a greodd oriau o ddifyrrwch gyda Kermit, Miss Piggy, Gonzo a gweddill y Muppets. Lle hefyd, dybiwn i, i rywun fel Mister Derek – dyn a dreuliodd flynyddoedd lawer gyda'i law i fyny pen-ôl Basil Brush. Heb sôn am 'gymeriadau' fel Keith Harris ac Orville, Roger de Courcey a Nookie Bear, Bob Carolgees gyda'i fêt blewog 'sglyfaethus, Spit the Dog, a hyd yn oed Martin Geraint ac Wcw.

Ga i gynnig fod yna ddeuawd o Gorwen yn fwy na theilwng o'u cynnwys yn yr oriel hefyd? Cynnig fydde'n cael ei eilio'n reit siŵr gan nifer o gefnogwyr Cymru, yn ogystal ag ambell ddawnswraig egsotig Sgandinafaidd yn ôl pob sôn.

Mae Enzo, y ddraig fach goch, wedi cadw cwmni cyfandirol i Huw Chick ers degawd bellach ac wedi gweld llawer mwy o siomedigaethau na llwyddiannau yn y cyfamser. Ond siawns fod y pethau welodd Enzo yn Oslo ym mis Medi 2001 am aros yng nghof y Ddraig am flynyddoedd maith.

Fasa neb llawn llathen yn honni mai hogia Corwen a'r cylch oedd y Cymry cynta i fynychu clwb 'lapdancing', ond mi fentra i ddweud mai Enzo oedd y Ddraig Goch gynta 'rioed i eistedd mewn sedd foethus ar ei ben ei hun, yn cael dawns breifat erotig gan stynar siapus athletaidd!

Croeso i fywyd swreal Huw Chick Jones – *Y Cymro*.

Enzo, ffrind mynwesol
Huw 'Chick' Jones

Tydi Huw ddim yn cofio pwy oedd gwrthwynebwyr Cymru pan fwrodd o 'i swildod. Fedrith o'm cofio'r sgôr ychwaith. Ond mae o'n cofio sefyll ar y Cae Ras yn rhyfeddu fod Cymru 'di dewis chwarae gyda tri sentyr fforward – Ron Davies, Wyn Davies a John Toshack – ond heb feddwl cynnwys unrhyw asgellwr i groesi'r bêl at y cewri yn y canol. Doh!

Roedd y gêm oddi cartre gynta iddo wylio yn un fythgofiadwy … oni bai'ch bod chi'n anghofio yndê! Cymru'n curo Lloegr am y tro cynta 'rioed yn Wembley. A hynny ym mlwyddyn y Jiwbilî. Ond dyw Huw 'rioed wedi bod yn un am 'gofio' manylion gêmau. Ydi, mae o'n cofio Leighton James yn sgorio o'r smotyn, ond 'sganddo fo ddim clem pryd sgoriodd yr asgellwr pengoch, heb sôn am bwy droseddodd yn erbyn pwy.

Mae hi'n ddigon posib fod gan alcohol ran sylweddol i'w chwarae yn amnesia pêl-droedaidd Huw, ond y gwir yw fod yn well ganddo gofio pethau llai amlwg a llai ystadegol. Yn wir, mae'r gêm gafodd o a'r hogia o Gorwen a Wrecsam ar faes parcio Wembley gyda chriw o Geordies gwallgof yn llawer mwy byw yn ei feddwl heddiw na champau arwrol Terry Yorath, John Mahoney a Dai Davies. Cymru enillodd ar y maes parcio hefyd, gyda llaw!

Er gwaetha ymdrechion dewr arwyr fel Wyn, Ron a Dai Davies, Davies arall oedd yr un i ysgogi Huw a'i fêts i droi eu golygon ymhellach na'r Cae Ras, Parc Ninian, y Vetch a Wembley i gefnogi Cymru.

****

LÄNDERSPIEL
Europa-Meisterschaft
Deutschland – Wales

Offizielles Programm

1,50 DM

Deutscher Fußball-Bund

Mittwoch · 17. Oktober 1979 · 20.15 Uhr
Stadion Köln-Müngersdorf

Titelfoto: Am 2. Mai 1979 gewann Deutschland das erste EM-Spiel gegen Wales in Wrexham mit 2:0. Eins der vielen packenden Duelle: Uli Stielike gegen John Mahoney (Foto: Sven Simon).

"Pam? Ti isho pàs? Dwi'n mynd heibio fan'no wsnos nesa 'sdi."

Ateb digon cymwynasgar y dyn drws nesa, Roger Davies, pan ofynnodd Huw iddo, *"Pa mor bell 'di Cologne o fa'ma?"*

Ac ynte'n yrrwr lorri, roedd Roger Davies yn teithio'n gyson drwy borthladdoedd de Lloegr i'r cyfandir ac yn ôl. Ym mis Hydref 1979, profodd Roger a'i artíc yn dacsi go handi i Huw, Phil o Gorwen a Chris o Carrog wrth i'r tri edrych 'mlaen at antur a chyffro tra'n cefnogi Cymru mewn gêm hollbwysig yn erbyn Gorllewin yr Almaen yn Cologne. Chawson nhw mo'u siomi ... oddi ar y cae o leia.

Roedd hi'n dri o'r gloch y bore ac yn dywyll bitsh pan stopiodd y lorri ar gyrion y ddinas. Roeddan nhw 'di gneud amser da o Gynwyd i Cologne. A deud y gwir, roeddan nhw 'di cyrraedd yn gynt na'r disgwyl, gan achosi problem fach i'r triawd o Ddyffryn Clwyd. Roeddan nhw 'di gobeithio cyrraedd ben bore er mwyn osgoi talu am westy.

Cyn ffarwelio â nhw, roedd Roger wedi cynnig gair o gyngor, sef i beidio â meiddio yngan *"Omaglitzer"* yng ngwyneb unrhyw Almaenwr. Cyngor da yn y bôn, gan mai rhyw led-awgrymu anweddustra gyda'ch nain fydde'r cyfieithiad clenia fedra i gynnig i'r fath gyfarchiad. Ar y llaw arall, roedd o'n gyngor direidus braidd. Wedi'r cwbl, tan i Roger grybwyll y gair, roedd Almaeneg y tri amigo wedi ei gyfyngu i'r pethau hanfodol yn unig. *Bitte, Danke. Drei bier* a ballu. Ond nawr, roedd *"Omaglitzer"* yn llechu yn isymwybod yr hogia ... yn disgwyl ei gyfle yn amyneddgar.

Ddeuddeng mlynedd yn ddiweddarach, roedd Huw yn ôl yn yr Almaen. Cafodd Gymru gweir a hanner, pedair gôl i un gan y Jyrmans yn Nürnberg. Gwelliant ar y gyflafan yn Cologne. Goliau rif y gwlith gan Fischer, Forster,

Kaltz a Rummenige, ac amddiffyn Cymru ar gyfeiliorn wrth i'r gwahaniaeth safon rhwng Karl-Heinz Rummenige a George Berry druan ddod yn boenus o amlwg mewn hanner cynta hunllefus.

Newyddion da i Huw wrth gwrs yw ei fod o'n cofio affliw o ddim am y goliau Aryaidd. Ond mae o *yn* cofio gôl Cymru. Wel, mae o'n cofio Cymru'n sgorio ta beth. Alan Curtis gafodd y gôl yn ôl yr adroddiadau a'r cyfeirlyfrau oll. Ond diolch i fragdai'r Almaen, mae Huw yn credu, hyd heddiw, mai George Berry oedd yn gyfrifol am gôl gysur Cymru yn yr ail hanner. Y gwir yw mai Berry oedd yn gyfrifol am bum gôl y gwrthwynebwyr y noson honno!

Ta waeth, ymateb greddfol Huw i gôl Cymru, wedi awr a mwy o wawdio Tiwtonig, oedd rhedeg i lawr y teras, chwilio am y Jyrman mwya o'i gwmpas, a bloeddio *"Omasodding-glitzer, you Kraut bastard!"*

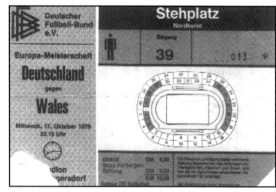

Dim ond ar ôl iddo godi'n ddigon sigledig yn ôl ar ei draed, a brysio at ddiogelwch y gilfach Gymreig yng nghefn y teras, y sylweddolodd Huw fod dwrn yr Almaenwr mawr wedi sicrhau fod ei drwyn o mewn gwaeth cyflwr nag amddiffyn Cymru. Diolch, Roger.

Amser mynd adra – bron iawn. Yn absenoldeb Roger a'i lorri, roeddan nhw wedi penderfynu dal trên am dri o'r gloch fore Iau o Nürnberg yn syth i Ostende. Hawdd fydde gwastraffu amser tan dri … siawns!

Roedd 'na gwpl ifanc Almaenig yn eistedd ar eu pen eu hunain yn y tŷ tafarn cynta. Wel, roeddan nhw ar eu pen eu hunain tan i griw o gefnogwyr Caerdydd gymryd ffansi at y ferch a dechra'i mwydro hi tra bod ei chymar yn deud dim, 'mond syllu ar ei gwrw. Parodd hyn am rai munudau cyn i'r creadur gael myll go iawn.

Yn ôl Huw, roedd hi'n union fel gwylio ffilm antur ar hanner sbîd pan godod y cariad ar ei draed, rhoi ei law ym mhoced ei gôt, tynnu gwn allan … a saethu blaen trwyn un o hogia Caerdydd!

Wel, aeth pethau'n flêr gythreulig wedyn – y ffilm antur 'di troi'n ffilm o'r Gorllewin Gwyllt wrth i fyrddau a gwydrau hedfan i bob cyfeiriad. Rhwng y slap hegar, ond haeddiannol, i'w drwyn ei hun, diffyg trwyn y creadur o Gaerdydd ac ymddangosiad yr Heddlu, roedd Huw yn llanast o nerfau ac yn falch o gael dianc gyda'i fêts i far cyfagos. Hafan o fath, yn wag ac eithrio'r barman ac un cwsmar canol oed.

Rownd Chris oedd hon, a thra ei fod o'n nôl tri stein, roedd Huw a Phil yn despret am dŷ bach. Yn ddiarwybod i Huw, dechreuodd Chris sgwrsio â'r cwsmar arall. Esboniodd Chris eu bod yno'n gwylio'r ffwtbol. Eglurodd y dyn diarth mai plismon newydd orffen shifft oedd ynte.

Am ryw reswm, wrth i'r barman arllwys y cwrw, dechreuodd Chris holi'r plismon a oeddan nhw'n cario gynnau pan nad oeddan nhw ar ddyletswydd. Cadarnhaodd y plismon fod ganddo wn ym mhoced ei gôt, ac yn anorfod rywsut, gofynnodd Chris am gael gweld y gwn.

Dyna ychydig o wybodaeth gefndir i chi – gwybodaeth sy'n esbonio pam fod dyn cwbl ddiarth yn sefyll drws nesa i Chris, yn dal gwn. Gwybodaeth gefndir na roddwyd i Huw yn nhoiledau'r dafarn wrth gwrs! Yr unig beth welodd Huw oedd dyn diarth tawel arall yn bygwth saethu Cymro arall!

Roedd hi'n amser am wrol ryfelwyr a ballu yn nhyb Huw Chick. Gyda bloedd iasol, rhuthrodd tuag at y darpar saethwr gan neidio ar ei gefn gyda'r bwriad o'i ddiarfogi cyn iddo saethu Chris mewn gwaed oer.

Yn ffodus i Chris, doedd y plismon ddim yn bwriadu saethu unrhyw un y noson honno. Ond, yn anffodus, doedd Huw ddim yn gwybod hynny, nac oedd. Ac yn fwy anffodus fyth, roedd anel Huw yr un mor wallus â'i ddealltwriaeth o'r sefyllfa. Baglodd dros gadair cyn glanio yng nghanol y gwydrau. Anodd gwybod p'run ai nerfau Huw ynte gwydrau cwrw oedd fwya shwrwd ar lawr y dafarn.

****

Maen nhw'n deud mai'r peth gorau fedrwch chi neud petaech chi'n disgyn oddi ar feic ydi dringo'n ôl arno'n syth bìn cyn i chi golli'ch hyder. Dwi'n amau mai dyna'r cyngor ysgogodd Huw Chick i deithio unwaith yn rhagor i wylio gêm bwysig nesa Cymru dramor. Gyda lle yn rowndiau terfynol Cwpan y Byd yn Sbaen yn y fantol, roedd Cymru'n gorfod teithio tu ôl i'r Llen Haearn i herio Tsiecoslofacia ym Mhrâg ym mis Medi 1981.

A'th pethau o chwith yn fan'no hefyd!

Bws, ac nid lorri, gludodd Huw, ynghyd â deg ar hugain o lancia gora Bae Colwyn, Llandudno a'r Rhyl, o ogledd Cymru i Harwich er mwyn dal y fferi drosodd i Hamburg. Wedi tair awr ar hugain o yfed a chanu ar Fôr y Gogledd, roedd rhagor o oriau diflas ar y bws o'u blaen wrth iddyn nhw deithio drwy'r Almaen. Deuddydd cyfan o deithio cyn cyrraedd dinas Prâg yn hwyr iawn ar y nos Lun.

Wedi noson dda o gwsg, roedd bore Mawrth yn gyfle i weld ychydig o'r brifddinas. Fel ym mhob dinas gomiwnyddol bryd hynny, nid mater o fynd ar eich liwt eich hun oedd hyn. Naci wir. Yn hytrach, rhaid oedd cael tywysydd swyddogol i gadw cwmni a llygad barcud arnoch chi drwy'r adeg. Yn ogystal, esboniodd hwnnw fod disgwyl i chi ddangos eich pasbort i'r awdurdodau bob dydd.

Aeth popeth yn union fel basa'r wladwriaeth wedi ei ddymuno am gyfnod. Cafodd y criw gyfle i weld ambell gastell ac ambell bont dros y Donaw cyn i Huw droi'n eitha sychedig. Wele fflach o ysbrydoliaeth:

"What's that, mate?" oedd ymholiad diniwed y gŵr o Gorwen.

"Zat ees a bar," oedd ateb cymwynasgar, ond naïf y tywysydd.

"Oh! I see. What happens in there then?" oedd awgrym meistrolgar Huw.

Yn ddigon naturiol, rhaid oedd treulio cryn amser yn yr atyniad newydd, yn enwedig pan sylweddolodd Huw ei fod o wedi talu llai na hanner can ceiniog am **saith** peint o Pilsener bendigedig.

"Fancy coming for a drink with me, love?"

Brawddeg yn llawn brafado gan rywun yn llawn *pivo*. Serch hynny, cafodd Huw andros o sioc pan stopiodd y ferch yn ei hunfan, troi'n ôl ato … a GWENU!

Yna, ymddiheurodd gan ddweud ei bod hi ar ei ffordd i ddarlith, ond tasa fo'n fodlon aros, mi fasa hi nôl o fewn yr awr. Jacpot!

Treuliodd Huw weddill y noson gyda Stanzia, yn yfed, sgwrsio a bwyta cyn iddi hi fynnu fod Huw yn mynd yn ôl adre gyda hi er mwyn cwrdd â'i thad a'i brawd. Gan wfftio unrhyw bryderon amlwg am gael ei ddenu at drap peryglus, cytunodd Huw yn syth bìn, cyn dal tram i fflat y teulu ar gyrion y ddinas. Yno, cafodd groeso tywysogaidd a gormod o lawer o fodca. Deffrodd drannoeth ar soffa'r teulu-yng-nghyfraith newydd, gyda choblyn o gur pen.

Roedd Stanzia wedi mopio cymaint gyda'i ffrind gorllewinol newydd, wfftiodd amserlen y brifysgol gan ddewis cwmni'r Cymro cariadus am ddiwrnod cyfan. Golygai hyn, wrth gwrs, ei bod hi isho dod i'r gêm!

Dyma benderfynu mynd i chwilio am docyn Huw yng ngwesty carfan Cymru gan obeithio medru bachu dau. Diolch i haelioni a chysylltiadau Joey Jones a Mickey Thomas, llwyddodd Huw i gael gafael ar ddau docyn. Gan nad oedd Stanzia 'rioed wedi bod i wylio gêm bêl-droed o'r blaen oherwydd prinder arian, roedd hi wrth ei bodd pan ddangosodd Huw'r ddau docyn iddi.

Ac roedd gwell fyth i ddod …

A hwythau'n methu'n glir â darganfod pa giât fydde'n rhoi mynediad iddyn nhw, dyma ddangos y tocynnau i ryw foi mewn iwnifform a gofyn lle y dylse nhw fynd. Yn hytrach na phwyntio i'r cyfeiriad cywir neu godi gwar diog, sythodd y giard cyn tywys Stanzia a Huw i fyny rhes o risiau, trwy sawl drws, i fyny rhes arall o risiau a thrwy ddrws derw trwchus … i mewn i neuadd wledda anferthol. Stafell y wasg!

Roedd gwledd o fwyd ar bob bwrdd a photeli ar boteli o win coch o Fwlgaria. Nid y gwin coch gorau yn y byd yn ôl y gwybodusion, ond i Stanzia fach ddifreintiedig, roedd o'n gyfystyr â chynnig poteli shampên yn rhad ac am ddim i ferched Corwen.

Wedi hanner awr go dda o fanteisio ar letygarwch Cymdeithas Bêl-droed y Tsiecoslofaciaid, dyma un o'r gohebwyr Prydeinig yn dechrau syllu ar Huw a Stanzia yn claddu'r gwin a'r bwyd fel tasan nhw heb fwyta nac yfed ers wythnosau. Roedd Huw 'di dechrau teimlo'n annifyr ac yn difaru nad oedd ganddo o leia bàd sgwennu a phensal yn ei boced. Wrth i Stanzia dywallt gwydraid llawn arall, camodd y boi tuag at Huw, gan gynnig ei law a chyflwyno ei hun fel gohebydd pêl-droed y *Daily Mirror*. Llyncodd Huw yn galed cyn cael ysbrydoliaeth Bwlgaraidd. Atebodd yn hamddenol braf: *"Huw Jones. Y Cymro."*

Roedd hi'n amser mynd i chwilio am y seddi. Yn naturiol ddigon, fel aelodau blaenllaw'r wasg ryngwladol, cawsant seddi moethus yn y rhes flaen. Tasa Huw 'mond wedi 'cofio' dod â phapur a phensal gydag o, mi fasa fo, fel pawb arall yn y seddi, ac eithrio Stanzia, wedi cael gneud defnydd o'r ddesg a'r lamp fach o'i flaen. Yn hytrach, bu rhaid iddo fodloni ar wneud defnydd o'r ffôn ar y ddesg. Wedi holi un o fois Fleet Street am y côd deialu i Brydain, manteisiodd Huw ar y cyfle i ffonio'i fam i holi am y tywydd yn Wales.

Colli nath Cymru wrth gwrs. Yr unig Gymro i sgorio y noson honno, ac eithrio Huw, oedd Dai Davies … i'w rwyd ei hun!

****

Am yr ail noson yn olynol cysgodd Huw ar soffa yn fflat teulu Stanzia. Roedd hi am weld Huw un ai yn aros yn Prâg, neu'n ei smyglo hi yn ôl i Gymru. Ond yn gynnar ar fore Iau, bu rhaid iddynt gofleidio am y tro ola cyn ffarwelio am byth, wrth i Huw orfod brysio'n ôl mewn tacsi at y gwesty, y bws ac at ei ffrindiau.

Roedd y bws wedi hen fynd hebddo, a throdd y sioc honno'n fraw pan gafodd ei arestio gan ddau gawr mewn cotiau hir du:

"Mr Jones. Where have you been for the last two days?"

Cwestiwn digon teg a dweud y gwir, gan fod Huw wedi bod yn ei jolihoitian hi o amgylch Prâg, ac wedi llwyr anghofio cofrestru bob bore gyda'r awdurdodau perthnasol. Ond cwestiwn aruthrol o anodd i'w ateb. Wedi'r cwbl, doedd ganddo ddim syniad lle roedd o wedi bod am y rhan fwyaf o'r wyth awr a deugain. Ac yn bwysicach fyth, sut ddiawl oedd y creadur am berswadio'r heddlu cudd drwgdybus o'i flaen nad stori gelwydd golau oedd Stanzia a stafell y wasg?

Wedi awr a mwy o groesholi brwd, cafodd ei basbort ei stampio am y tro ola cyn iddo gael ei daflu i gefn tryc a'i hebrwng gan y teip KGB at y ffin â Gorllewin yr Almaen. Roedd Huw yn cael ei hel o'r wlad.

Nid mater syml o ddangos llun pasbort i swyddog di-hid mo hyn, cofiwch. Roedd o'n croesi o Ddwyrain Ewrop caeëdig i'r Gorllewin rhydd. Doedd hi ddim yn bosib picio'n ôl a blaen yn ôl eich ffansi reit ynghanol y Rhyfel Oer.

Gallai Huw synhwyro'r tensiwn ar y ffin. Cyfaddefa ei fod o'n brofiad tu hwnt o annifyr sefyll rhwng dau swyddog diogelwch wrth ddisgwyl i'r giât fawr haearn o'u blaenau agor dan wichian.

O'i flaen, coridor cul, cwbl syth gyda ffensys hir a thal bob ochr, wedi eu hadeiladu o weiran bigog faleisus yr olwg, a weiran drydan dipyn llai peryg yr olwg, ond un llawer mwy niweidiol i iechyd unrhyw un fydde'n ceisio dringo drosti. Roedd milwyr arfog bygythiol yn gwylio pawb a phopeth yn y coridor. Sylweddolodd Huw fod disgwyl iddo gerdded ar hyd y coridor, oedd mewn gwirionedd yn rhyw fath o *"no man's land"* rhwng comiwnyddiaeth a chyfalafiaeth.

Syndod mawr i Huw, ar ôl ei lusgo'i hun yn flinedig a chrynedig rhwng dwy wlad, oedd gweld ymateb y milwyr Almaenig wrth iddo agosáu. Roedd giât fawr haearn y Tsiecoslofaciaid eisoes wedi cau'n glep ar ei ôl, ac wrth iddo nesáu at y

Gorllewin, fe agorodd giât fawr haearn rhyddid yn ara deg. Yn nodweddiadol o'r Jyrmans falle, nath y giât yma ddim gwichian o gwbl! Yr unig sŵn oedd sŵn soldiwrs yn marw chwerthin.

"You have been naughty boy, yes?" gofynnodd un ohonynt yn wawdiol.

Llamodd geiriau Roger Davies yn glir i'r cof am y tro cynta ers dwy flynedd, ond pwyll oedd pia hi, a Stanzia ai peidio, doedd gan Huw Jones, *Y Cymro*, fawr o ffansi cnocio ar giât haearn comiwnyddiaeth eto. Y peth calla fydde mynd adra, anghofio am Stanzia, a ffeindio draig go-iawn i'w gadw allan o drwbl.

Enzo a Dean Saunders yn dod
i nabod ei gilydd!

Ffôn i Fôn o Fienna

Pum awr cyn y gic gynta, roedd y Prater Stadion yn gwbl wag. Roedd hyd yn oed y dyn sy'n marcio'r cae wedi mynd adra am damad o'i *bratwurst* beunyddiol. Ar ôl camu drwy giât gil-agored dan y prif eisteddle, cafodd Tiny, Cols, Rhys o Gaerdydd a finnau rwydd hynt i grwydro. Wedi gêm ddychmygol (gyda phêl ddychmygol wrth gwrs!) ar faes gwastad a pherffaith wyrdd, ac ar ôl tynnu lluniau'n gilydd yn eistedd fel hyfforddwyr dychmygol yn y *'dugouts'*, dyma droi'n sylw at rai o adnoddau llecyn y wasg.

"Sgwn i os 'di'n bosib iwsio'r ffôns 'na i ffonio adra?" gofynnodd Tiny.

"*Why don't you go and find out, aye?*" oedd ymateb ei gyfaill, Cols, mewn acen ac arddull "*I can understand it but I can't speak it, aye*" hollol nodweddiadol o Gaergybi.

****

Doedd hi fawr o syndod fod y llanciau yng nghyntedd gwesty Cymru wedi gofyn am lofnod Rhys y pnawn blaenorol. Falle ei fod o fymryn yn fyr, ond roedd o'r oed iawn, y siâp iawn, ac yn gwisgo'r crys coch iawn, i 'fedru' bod yn un o bêldroedwyr Cymru. Ac os nad oedd y llond dwrn o gefnogwyr Cymru, a drafferthodd i ymlwybro i Fienna am gêm gyfeillgar ganol wythnos, yn gwybod pwy oedd y wynebau diarth yng ngharfan Terry Yorath, pa obaith oedd gan yr Awstriaid awyddus?

Yn naturiol, doeddan nhw ddim yn gwybod mai Rhys Boore oedd ei enw fo. Yn nhyb y casglwyr llofnodion diniwed, roeddan nhw wedi cael llofnod Dave Phillips – nid un o sêr amlyca Cymru wrth gwrs, ond o leia roedd o'n chwarae i glwb roeddan nhw wedi clywed sôn amdano.

Doedd pawb ddim wedi eu hargyhoeddi cofiwch. Yn ddiarwybod i Rhys, roedd Alun Evans, Ysgrifennydd Cymdeithas Bêl-droed Cymru, wedi bod yn sefyll tu ôl iddo drwy'r holl dwyll! Am eiliad roedd o'n edrych fel rhywun oedd yn amau fod Cymru wedi cyrraedd gwaelod y gasgen go-iawn, ond llwyddwyd i leddfu tipyn ar ei bryderon dros beint drud yn y bar.

Dwi'n deud ei fod o'n beint drud, ond y gwir ydi fod gen i ddim syniad faint oedd y fath rownd yn gostio. Alun Evans dalodd am y rownd gynta, cyn i Terry Yorath ddod draw i brynu'r rownd nesa. Roedd y gwawdio cyhoeddus rhyngddynt yn eitha brawychus a deud y gwir, ond nid dyna pam fod Rhys a minnau ar bigau'r drain. Wrth i wydrau diod y ddau ohonynt raddol wagio, roeddan ni'n gwybod yn iawn mai'n rownd ddrud ni fydde nesa.

Gallwch fentro fod yna elfen o ryddhad pan alwod Peter Shreeves, dirprwy Yorath, heibio'r bar i ddeud fod swper yn barod. Eu swper nhw, hynny yw! Gwell stumog wag a phoced lawn wrth baratoi am noson o ddanteithion y ddinas.

****

"Be 'di'r intyrnashynal côd o fa'ma?" gofynnodd Tiny cyn dechrau deialu …

"Blydi hel, ma'n canu," ychwanegodd, cyn treulio hanner awr dda yn cael ei drosglwyddo o un mêt i'r llall yn ffatri Alwminiwm Môn.

Fasa hi wedi bod yn bowld peidio ymuno ag o. Dyma'r pedwar ffoadur Cymreig yn bwrw iddi fel slecs i ddeialu pob rhif roeddan ni'n digwydd ei gofio. Ac ar ôl mynnu fod pawb yn gorfod dyfalu o lle'n union roeddan ni'n ffonio, wele'r pedwar ohonom yn gofyn yn union yr un cwestiwn … *"Pwy ddiawl sy yn y sgwad? 'Dan ni'm yn nabod nhw"*.

Gwneud defnydd llawn o'r adnoddau yn y Prater Stadion

SARAH ELLIS

Manylion personol

Enw:	Sarah Ellis
Dyddiad geni:	Gorffennaf 23ain 1975
Man geni:	Gravesend
Cartref:	Longfield, Swydd Caint
Llysenw:	Scrappy – dwi'n licio ymladd yn erbyn y byd i gyd
Statws priodasol:	Sengl – dim plant a dim diddordeb chwaith
Taldra:	5 troedfedd 7 modfedd a thri chwarter
Pwysau:	Paid â meiddio gofyn eto
Swydd:	Cynrychiolydd cwmni yswiriant
Cymwysterau:	10 TGAU / 3 Lefel A

Hoff bethau?

Bwyd:	Siocled
Diod:	Gwin coch uffernol o ddrud
Anifail:	Ceffyl
Ffilm:	*Pink Panther* efo Peter Sellers
Gwlad:	Cymru
Cerddoriaeth:	Elvis Presley

Taith orau? — Yr Wcráin yn 2001 – fy nhaith gynta a chyflwyniad mor berffaith i'r ffordd yma o fyw. Tydwi heb fethu taith ers gweld y goleuni.

Stadiwm waetha? — Wembley – cymaint o heip, cyn lleied o dafarndai!

Uchelgais?
Cael Elvis i ganu yn sbeshal i mi. 'Mond dyflwydd oeddwn i pan farwodd o, ond dwi wastad wedi bod yn ffan mawr. 'Sgwn i a oedd o'n gwybod geiriau 'Gwŷr Harlech'?

Cas chwaraewr?
Does yna ddim y fath beth – rhaid parchu pawb sy'n gwisgo'r crys coch.

Tasach chi ddim yn dilyn Cymru, be fasach chi'n neud?
Mwynhau cyfri'r holl bres fasa gen i tasa 'mywyd i ddim mor ynghlwm â ffwtbol.

Pa gyngor byddech chi'n ei roi i chwaraewyr Cymru?
Ar ôl ymddeol, dowch am beint a lot o hwyl efo hogia Port a Bala.

Merch Mewn Miliwn

"Hated it – too many kids there, too many fat tossers in egg shirts, too many jesters' hats, too many families having a nice day out. Oh! And definitely too many women."

Swnio fel tasach chi'n clustfeinio ar sgwrs rhwng criw ystrydebol o gefnogwyr pêl-droed traddodiadol llawn testosteron, yn tydi? Wel, yn sicr, maen nhw'n sylwadau damniol ac ysgubol am y dorf a heidiodd i Stadiwm y Mileniwm er mwyn gwylio Cymru'n chwalu Azerbaijan. Maen nhw hefyd yn sylwadau a wnaethpwyd gan ferch.

Cofiwch, os oes yna'r fath beth â *'merch gyffredin',* nid Sarah Ellis mohoni. Mae hi'n swnio fel sawl merch arall pan glywch chi ei bod hi'n gweithio i gwmni yswiriant mawr, yn gyrru Peugeot 306, yn gwrthod trafod ei phwysau, yn dotio ar ei cheffyl, ac yn berchen ar gasgliad o bymtheg cant o *'cuddly toys'.* Ond o dan yr wyneb …

****

Dyma i chi hanes hogan o gyrion Llundain sydd wedi disgyn mewn cariad â'r profiad o deithio i lefydd diarffordd ac anneniadol, yng nghwmni criw o ddynion gaiff eu disgrifio gan y cocni Cymreig fel, *"the biggest pissheads in the world, but top quality diamond geezers".* Nid ymateb i lwyddiannau diweddar dan law Mark Hughes ydi hyn chwaith. Mae Sarah yn gresynu nad oedd hi wedi 'darganfod' teithiau Cymru ychydig flynyddoedd yn gynharach iddi gael bod yn llygad dyst i oes erchyll Bobby Gould.

A hithau wedi ei geni a'i magu yng Nghaint i deulu cwbl Seisnig, does gan Sarah 'run cefnder, cyfnither na chromosom Cymreig yn perthyn iddi. Ond mae hi'n berchen ar docyn tymor ym Mharc Ninian ers sawl tymor bellach ac, yn fwy rhyfeddol fyth, mae hi'n dilyn tîm cenedlaethol Cymru i bobman.

Ei hunig flas o Gymru cyn cael blas ar y pêl-droed oedd mynd ar wyliau i Eryri flynyddoedd yn ôl, a mopio'i phen gyda golygfeydd yr ardal. Fedr hi ddim esbonio, meddai hi, ond roedd yna rywbeth yn yr isymwybod yn sibrwd wrthi ei bod hi wedi dod 'adra' rywsut.

Anodd credu fod yr olygfa o ben yr Wyddfa yn ddigon o abwyd i berswadio merch o Dartford i newid tîm a newid cenedl, heb sôn am wario bron i ddau gan punt y mis ar betrol i'r 306 wrth deithio ar hyd yr M25 a'r M4 – 220 milltir bob ffordd – er mwyn cael gwylio Adar Glas Caerdydd.

Mae 'na esboniad arall.

****

"No-one likes us. We don't care" – geiriau herfeiddiol ac anghydffurfiol anthem answyddogol cefnogwyr Millwall, a geiriau sy'n amlwg wedi apelio at feddylfryd merch sydd wastad wrth ei bodd yn cicio yn erbyn y tresi.

'Mond deng mlwydd oed oedd Sarah pan deithiodd gyda'i brawd i wylio gêm bêl-droed am y tro cynta 'rioed. Millwall … yn y Den! Rêl ffau llewod o le ar Cold Blow Lane – a dyna i chi enw addas os fuo 'na un 'rioed – a lle oedd yn ddigon i godi ofn ar unrhyw gefnogwr hanner call.

Ond cael ei chyfareddu, nid ei dychryn, nath Sarah wrth iddi wylio a gwrando ar y bloeddio, y bytheirio a'r bygwth didrugaredd. Roedd hi eisiau mwy.

Ymhen dwy flynedd, roedd hi'n mynd ar ei phen ei hun – deud wrth ei Mam ei bod hi'n mynd i siopa cyn dal trên o Dartford i wylio hogia mawr yn cambyhafio. Dyddiau dwyn gwarth ar y clwb yn ôl y gwybodusion, ond dyddiau da yn nhyb Sarah. Dyddiau a ddaeth i ben yn ddisymwth pan symudodd Millwall o'u cadarnle ar Cold Blow Lane i stadiwm fodern newydd sbon danlli gyfagos oddi ar yr enwog Old Kent Road.

I ferch oedd wedi treulio'i harddegau yn gwirioni ar awyrgylch iasol Cold Blow Lane, roedd hyn yn fwy na newid daearyddol. Wrth i'r clwb ddechrau denu teuluoedd i wylio'r Millwall newydd, parchus, croesawgar mewn stadiwm gymunedol, fodern, lân a diogel, roedd hi fel tasa rhywbeth ar goll. Ar sawl ystyr roedd Sarah yn gweld gwylio Millwall fel rhywbeth 'saff' nawr, ac i ferch sydd wastad wedi cael ei denu at bethau od, gwahanol ac anghydffurfiol, wele newid rhyfeddol a deud y gwir … fe benderfynodd Sarah ddilyn Adar Glas Caerdydd … y peth agosa posib at ysbryd Millwall yn yr hen Den.

Adar o'r unlliw a hedant i'r unlle wrth gwrs – ac roedd Sarah wrth ei bodd ar Barc Ninian. Dyma sut oedd hi erstalwm yn y Den – llwyth o ddynion penboeth a phrin 'run ddynas ar gyfyl y lle. Nefoedd.

Sut ymateb gafodd y Saesnes o ben pella Llundain gan selogion y Bob Bank? Llugoer yn gynta medd Sarah, gan fod sawl un ymysg y cefnogwyr yn ddrwgdybus ohoni – 'heddlu cudd' oedd eu hamheuaeth ac, yn wir, cyhuddiad rhai. Fe gymrodd hi dipyn o waith perswadio arnyn nhw ei bod hi'n ddiffuant yn ei chefnogaeth. Doedd hi ddim mor hawdd dwyn perswâd ar ei theulu ei bod hi'n llawn llathen!

Os oedd cefnogi rafins Millwall yn achosi pryder, nawr roedd hi 'di dechrau dilyn tîm oedd yn chwarae eu gêmau gartre mewn gwlad arall ac, yn waeth fyth, roeddan nhw i gyd yn casáu Lloegr!

Ond gyda'i rhieni'n gwybod yn iawn nad oedd modd newid meddwl Sarah – roedd ganddyn nhw ferch benstiff erioed – taw pia hi oedd polisi'r teulu. Hynny yw, tan iddi ddigwydd sôn un noson fod criw o hogiau Caerdydd wedi gofyn iddi hi a oedd ganddi ffansi mynd i wylio Cymru … yn herio'r Wcráin …yn Kiev! Hi a chant a hanner o hogia!

Roedd ei theulu hi'n gandryll ac yn methu'n lân â chredu'r gwallgofrwydd diweddara. Doedd ei chariad cyfoethog ddim yn or-hapus chwaith. Ond er ei fod o'n filiwnydd o ddyn busnes craff, doedd o ddim yn ddigon clyfar. Yn wir, nath o uffar o fistêc – nath o drio newid meddwl Sarah. Camp anodd unrhyw bryd, ond tasg gwbl amhosib o'r eiliad y cynigiodd o dalu iddi beidio â mynd. Ceisiodd daro bargen – bywyd o foethusrwydd llwyr iddi hi, efo fo, ar yr amod ei bod hi'n canslo Kiev.

Does neb, 'rioed, wedi llwyddo i ddeud wrth Sarah be geith hi, a be cheith hi ddim ei wneud. Ta-ta felly i'r garwriaeth a'r miliynau. Helô i garwriaeth newydd fel cefnogwraig Cymru.

****

Bar Gwyddelig O'Briens yng nghanol Kiev. Trodd Cymro ati a dweud *"That's where you should be"*. Sôn roedd o am y gêm bêl-droed ar y sgrin fawr ar lawr cynta'r bar gorlawn. Gêm rhwng Gwlad Groeg a Lloegr.

Roedd hynny'n brifo, ond lleiafrif oedd yn gyndyn eu croeso i gorlan Cymru. Roedd hi'n rhy hwyr bellach – roedd Sarah wedi mopio'n llwyr efo'r profiad o ddilyn Cymru dramor. Fasa hi byth yn blasu'r fath ysbryd yn dilyn Lloegr – gormod o bobl, gormod o sylw ac, yn bwysicach fyth, i ferch fydde byth yn dewis y ffordd draddodiadol, roedd dilyn Lloegr yn rhy normal. Yn rhy amlwg. Yn rhy hawdd.

Dyna pam dydi hi ddim yn trafferthu efo gêmau cartre Cymru. Rhy hawdd. Mi fuodd hi unwaith, yn erbyn Azerbaijan, ond nath hi ddim mwynhau'r profiad o gwbl. Nid esgus i aros gartre mohono cofiwch, gan ei bod hi'n dal i deithio i Gaerdydd, er mwyn gwylio'r gêm ar y teledu yn y City Arms gyferbyn â'r stadiwm!

Mae'r teithiau tramor yn wahanol. Tasach chi'n gofyn iddi be 'di'r peth gorau am ddilyn Cymru, ei hateb syml fydde'r cyfeillgarwch. Nid y canlyniadau na'r perfformiadau ar y cae ond, yn hytrach, y wefr o fod 'yna' gyda ffrindiau o bob cwr o Gymru. Mae hi'n gwbl grediniol ei bod hi wedi dysgu mwy mewn wythnos efo'r hogia yn Kiev nag mewn chwarter canrif yng Nghaint. A hynny er nad ydi hi'n gallu cofio unrhyw beth am y gêm yn dilyn sesh ddwy awr ar bymtheg gyda'i ffrindiau newydd.

Roedd hi'n un o'r deugain a dau a drafferthodd deithio i dref Varazdin yn Croatia i wylio gêm gyfeillgar rhwng dwy garfan wan ym mis Awst 2002, a thra oedd hanner carfan Cymru wedi honni fod yn rhaid iddyn nhw aros gartre i warchod y plantos ar ddiwedd y tymor, aberthodd Sarah y cyfle i weld ei thîm, Caerdydd, yn herio QPR yn Stadiwm y Mileniwm gyda dyrchafiad yn y fantol, er mwyn teithio i wylio ail dîm Cymru yn herio'r Unol Daleithiau yn San José.

Cymaint yw'r mwynhad o'r teithiau bellach, mae hi'n cyfadde na all hi byth amgyffred peidio gwylio Cymru oddi cartre:

"It depends on getting a female boss I suppose, 'cos she just wouldn't understand where I'm coming from. But basically, I'll keep going until the money runs out or it kills me." Cofiwch y geiriau hynny.

****

Gyda Chymru wedi gwella'n aruthrol ers blwyddyn, roedd yna hen edrych ymlaen at y gêm ragbrofol gynta yn Helsinki ym mis Medi 2002. Felly, yn hytrach na'r hanner cant o ffyddloniaid arferol, roedd yna gannoedd ar gannoedd o gefnogwyr diarth wedi teithio'n obeithiol i brifddinas y Ffindir.

Mae yna ddwy broblem sylfaenol yn codi pan mae 'na fwy na'r arfer yn teithio i wylio Cymru. Yn gynta, oherwydd y niferoedd, mae yna beryg o golli'r awyrgylch o gyfeillgarwch teuluol bron. Ac yn ail, mae'r fath benwythnosau'n denu'r pennau bach rheini sy'n anghofio'u bod nhw yno i gefnogi gwlad ac nid clwb.

Fel dynas ddŵad mae gan Sarah feddwl mawr o bopeth Cymreig, ond fedrith hi ddim dallt pam fod y Cymry'n feistri corn ar wneud gwlad mor fach yn wlad mor ranedig. Fel cefnogwraig yr Adar Glas, fasach chi ddim yn disgwyl iddi gael fawr o feddwl o Jacks Abertawe, ond mae hi'n gadarn ei barn y dylse gêmau Cymru fod yn rheswm am ryw fath o gadoediad yn hytrach na chael Caerdydd yn chwilio am Abertawe, Wrecsam yn chwilio am Gaerdydd a Bangor yn chwilio am Wrecsam. Tra bod y criw arferol yn chwilio am beint.

Yn ôl at Helsinki, diolch i gyfuniad o dywydd bendigedig, croeso anhygoel, plismona synhwyrol a buddugoliaeth gampus, llwyddodd pawb i fyhafio, gan sicrhau penwythnos cofiadwy mewn dinas wych. Dim ond ar ôl dod adra y cafodd Sarah drafferth.

****

Fel y basach chi'n ei ddisgwyl, roedd Sarah yn hynod flinedig pan gyrhaeddodd adre ar ôl pedwar diwrnod o rialtwch Sgandinafaidd yn Helsinki, a noson feddwol rad ym mhrifddinas Estonia, Tallinn. Lot o yfed, lot o ganu a'r nesa peth at ddim cwsg.

Yr unig beth roedd hi eisiau ei wneud oedd cael cawod a chysgu er mwyn bod yn barod am fara menyn bore Llun. Ar ôl cael cawod penderfynodd bicio i lawr grisiau i nôl gwydraid o ddŵr – gweithred hynod hynod syml, ond un a achubodd ei bywyd hi heb os.

"Pwy goblyn nath dy daro di efo bat pêl-fas?" holodd ei mam wrth iddi gerdded 'nôl am y grisiau.

Doedd Sarah ddim yn teimlo unrhyw boen, a siawns y basa hi'n cofio tasa rhywun wedi ei tharo hi â'r fath arf, felly cafodd sioc o weld y cleisiau dugoch hyll ar gefn ei choesau chwyddedig.

Tasa hi heb fynd lawr grisiau i dorri syched, mi fydde hi wedi cysgu drwy'r nos cyn rhuthro i'w gwaith drannoeth. Ond, yn hytrach, mynnodd ei mam – nyrs wedi ymddeol, gyda llaw – eu bod nhw'n ffonio'r llinell gymorth feddygol gan esbonio'r symtomau. A phan gyrhaeddodd yr ambiwlans yn ddiweddarach, cafodd Sarah ei rhuthro i'r ysbyty leol … yn diodde o DVT neu *Deep Vein Thrombosis*! Diagnosis annisgwyl braidd, gan nad oedd hi wedi treulio mwy na rhyw ddwyawr ar unrhyw ffleit rhwng Heathrow, Stockholm a Helsinki, ond prawf nad oes rhaid i chi hedfan i Awstralia bell i ddiodde o'r cyflwr peryg bywyd hwn.

Diolch i lygaid gwyliadwrus ei mam, roedd y meddygon wedi cael digon o amser i roi'r driniaeth addas i Sarah – sawl prawf a phigiad poenus i deneuo'r gwaed. Roedd y meddyg a'r fam yn hynod falch pan fynnodd Sarah nad oedd hi byth am hedfan ar ôl y profiad annifyr a dychrynllyd yma. Llai na deufis yn ddiweddarach, roedd hi'n wfftio cyngor meddygol a theuluol pan fentrodd sôn wrth ei mam ei bod hi'n 'meddwl' mynd i wylio Cymru yn Azerbaijan ymhen rhyw wythnos. Wel, nath hi ddweud ei bod hi'n meddwl mynd, ond mewn gwirionedd roedd hi eisoes wedi talu am y tocynnau am bum diwrnod yn Baku. Sef saith awr i ffwrdd … mewn awyren!

Millwall, Caerdydd, Cymru … a nawr roedd ei merch am herio cyngor meddygol drwy deithio bron i'r Dwyrain Canol i wylio gêm ffwtbol. Ymdrech wantan iawn i gymodi â'i mam oedd addewid Sarah y bydde hi'n gwisgo pâr o sanau sbeshial i geisio osgoi unrhyw glotio peryg pellach!

Mynd nath Sarah wrth gwrs a chael andros o amser da – y trip gora 'rioed yn nhyb mwyafrif helaeth y cefnogwyr pybyr. Buddugoliaethau i'r tîm llawn *ac* i'r tîm dan un ar hugain yn achos dathlu, ond roedd uchafbwynt y daith eto i ddod i Sarah Ellis.

Yn ôl yr arfer, ar ddiwedd y gêm, bu'n rhaid i gefnogwyr Cymru aros yn y stadiwm er mwyn i'r trigolion lleol gael cyfle i wasgaru. A hefyd, yn ôl yr arfer ar ddiwedd y gêm, roedd gohebwyr y BBC yn cyfweld aelodau o garfan Cymru ar ymyl y cae.

Doedd gan Sarah ddim syniad pwy oedd yn gofyn y cwestiynau, ond roedd hi'n gwybod yn iawn pwy oedd yn ateb yn ei arddull draddodiadol swil ond cadarn. Leslie Mark Hughes MBE – hyfforddwr Cymru. Hyfforddwr llwyddiannus Cymru. Sparky – y math o foi fydde'n gallu tanio Sarah ar y cae ac oddi arno.

Roedd y cannoedd o filwyr fu ar ddyletswydd o fewn y stadiwm wedi martsio 'nôl am eu baracs gan ein gadael ni, y gohebydd, y gŵr camera a Sparky ar eu holau. Dyma Sarah'n gweld ei chyfle. Rhuthrodd i lawr y grisiau tuag at y maes gyda'r bwriad o ddisgwyl i Sparky orffen y cyfweliad cyn dechrau sgwrsio ag o. Wedi'r cwbl doedd ganddi hi ddim syniad a oedden nhw'n darlledu'n fyw 'nôl yng Nghymru ai peidio.

Ond, yn sydyn, clywodd sŵn tu cefn iddi ac wrth droi sylweddolodd fod y giatiau wedi eu hagor a bod cefnogwyr Cymru'n cael eu tywys o'r stadiwm at y bysys tu allan. Roedd hi 'di dod yn rhy bell i wastraffu'r fath *open goal*. Felly dyma ruthro at y criw teledu gan ymddiheuro am ddifetha'u cyfweliad cyn troi at Mark Hughes a deud:

"I'm sorry but I'm deeply in love with you. You don't know how much this means to me," a rhoi homar o sws wlyb i'r creadur gwylaidd gwridog, cyn rhedeg yn ôl at y can dyn arall yn ei bywyd.

Syrffio Mewn Cariad

Peth peryg 'di cyfrifiadur. Treuliodd un o hoelion wyth y teithiau tramor fisoedd lawer yn credu ei fod o'n parhau ei garwriaeth efo Olga, y *'minx'* o Minsk, ar ffurf e-bost, 'mond i ddarganfod mai un o'i ffrindiau oedd wedi creu ei chyfeiriad hi. Yn rhannol fel jôc, ond yn rhannol fel gwers i beidio rhoi cerdyn busnes i ddynas ddiarth. Halen ar y briw oedd sylweddoli fod y mêt honedig 'di bod yn cylchlythyru'r holl ohebiaeth sentimental i gylch eang o ffrindiau gwawdiol.

Roedd carwriaeth gyfrifiadurol Glenn Villis ychydig yn wahanol. Dechreuodd ei antur pan brynodd PC am y tro cynta. Fel pob llanc sengl gonest, roedd Glenn wedi ymgolli'n llwyr am gyfnod mewn negesfyrddau ffwtbol a phornograffi. Ac yna dechreuodd syrffio safleoedd sgwrsio i bobl sengl …

Penderfynodd chwilio am ddynes yn yr Wcráin. Wedi'r cwbl, onid oedd o'n mynd i wylio Cymru yno ymhen ychydig wythnosau? Cyn bo hir, roedd o'n sgwrsio'n gyfeillgar gyda Lena. Eglurodd ei fod o'n ymweld â Kiev ym mis Mehefin ac awgrymodd y bydde hi'n wych cael cyfle i gwrdd. Gymrodd hi gryn berswâd – wedi'r cwbl, roedd hi'n byw taith trên wyth awr o'r brifddinas – ond o'r diwedd, fe gytunodd i gwrdd â Glenn.

Roedd o wastad yn edrych ymlaen at daith ffwtbol dramor, ond ar ôl derbyn lluniau o Lena ar e-bost, roedd yna fwy o awch na'r arfer wrth lanio ym maes awyr Kiev. Yn ddwy ar hugain oed, roedd Lena yn gythreulig o handi. Merch feindlws, bryd tywyll.

Aeth pethau o chwith hyd yn oed cyn i'r darpar gariadon gael cyfle i gerdded llwybrau serch Kiev. Doedd yna ddim golwg o fag teithio Glenn yn y maes awyr, a bu'n rhaid iddo dreulio oriau yn llenwi ffurflenni cyn dal tacsi i'w westy. Heb folchi a heb ddillad glân, hawdd deall pam nad oedd Glenn yn teimlo nac yn edrych ei orau ar gyfer Lena landeg.

Dechreuodd Glenn anesmwytho ymhellach wrth ddisgwyl i Lena gyrraedd am saith. Trafod ffwtbol a safon tebygol dawnswyr erotig y ddinas oedd ei ffrindiau, dros beint a gêm o pŵl, tra bod Glenn yn disgwyl am ei ddêt ddiarth yng nghyntedd y gwesty.

Y newyddion da i Glenn oedd ei bod hi'n edrych yn union fel yr oedd hi yn y lluniau. Y newyddion drwg oedd ei bod hi'n haws sgwrsio a fflyrtio yn niogelwch amhersonol y we. Tasa brêns dyn yn ei ben, fasa Glenn wedi cydnabod bod yr holl syniad yn andros o fistêc. Yn hytrach, gofynnodd a oedd hi eisiau mynd yn ôl i'w ystafell gan ei fod o 'di blino ac angen gorwedd ar ei wely am ychydig!

Chyrhaeddon nhw mo'r stafell, heb sôn am y gwely. Doedd y porthor ddim yn fodlon gadael iddi fynd yn y lifft gan ei fod o'n amau mai putain oedd hi. Pam arall fydde merch leol yn mynd am stafell dyn diarth o fewn hanner awr i gerdded i mewn i'r gwesty? Manteisiodd Glenn ar yr anghydfod yn y cyntedd i orffen y berthynas cyn iddi ddechrau!

Ceisiodd egluro ei fod o'n flin ar ôl colli ei fag yn y maes awyr. Esboniodd Lena ei bod hi wedi cymryd gwyliau di-dâl o'i gwaith er mwyn ei weld. Ymddiheurodd ynta am fod yn fastad go-iawn am fod eisiau mynd i feddwi efo'i ffrindiau. Datgelodd hithau ei bod hi wedi gwario arian prin i dalu am daith trên (wyth awr bob ffordd), ac i rentu fflat yn y brifddinas. Roedd hi'n methu'n glir â dallt pam fod Glenn 'di newid ei feddwl. A deud y gwir, nath hi'm dallt fod Glenn o ddifri tan iddo gerdded i ffwrdd …

Er ei fod o'n teimlo'n uffernol o euog am oriau wedyn, nath yr ysgariad ddim difetha ei drip yn ormodol. Yn wir, fe gafodd amser gwych. Ac oedd, roedd y dawnswyr yn arallfydol!

Chafodd Lena ddim cystal hwyl. Roedd yna e-bost yn disgwyl amdano pan gyrhaeddodd yn ôl i Gaerdydd. Ar ôl datgan siom eithriadol am ei ymddygiad, hawliodd ddau gan doler am ei chostau.

Dychwelodd Glenn at fywyd symlach o ffwtbol a phornograffi.

Glenn, yn Kiev, gydag un o'r merched lleol – ond na, nid Lena!

CHRIS COLLINS

Manylion personol

Enw:	Chris Collins
Dyddiad geni:	Rhagfyr 25ain 1960
Man geni:	Bangor
Cartref:	Chester-le-Street, ond Porthmadog gynt
Statws priodasol:	Wedi priodi am yr eildro – pedwar o blant rhwng y ddwy briodas, ond dim mwy (o blant na phriodasau!)
Swydd:	Gweinyddiaeth efo'r Post Brenhinol
Cymwysterau:	Lefel A o ysgol bywyd

Hoff bethau?

Diod:	Lager – yn enwedig Stella
Cerddoriaeth:	O Simon & Garfunkel i'r Sex Pistols
Tîm pêl-droed:	Everton
Anifail:	Dim un – maen nhw'n cachu ar y carped!
Gwlad:	Dwi'n mwynhau ymweld â phob gwlad newydd ac eithrio Gwlad Belg
Diddordebau:	Darllen, cerddoriaeth, y we, pêl-droed a cherdded yn Ardal y Llynnoedd a'r Alban.

Hoff siant bêl-droed?
"Terry Yorath's red'n white army" – fersiwn tri chwarter awr o leia yn y Royal Dublin Showground ar ddechrau'r 90au.

Hoff atgof?
Bod ym Mharc Hampden pan enillon ni o gôl i ddim yn erbyn yr Alban yn 1985.

Arwr plentyndod?
Alan Ball / Andy King

Ofergoelion?
Yfed digon cyn gêm – sicrhau fod y boen yn llai pan 'dan ni'n colli.

Pa berson enwog hoffech chi gwrdd â fo?
John Peel, am iddo ddefnyddio Cymru i ddatblygu ei yrfa.

Tasach chi ddim yn dilyn Cymru, be fasach chi'n neud?
Treulio mwy o amser gyda'r teulu.

Pa gyngor byddech chi'n ei roi i chwaraewyr Cymru?
Byddwch yr un mor falch i gynrychioli'ch gwlad â ni, sydd wedi talu am y fraint!

Hydref Oddi Cartref

Anghofiwch am aeaf, gwanwyn, haf a hydref. 'Mond dau dymor sy 'na ar galendr ffan ffwtbol. Y tymor pêl-droed. A'r tymor heb bêl-droed. Yr un o Awst hyd Fai. A'r llall yn ddeufis hesb Mehefin a Gorffennaf. Ond i'r cefnogwyr mwya traddodiadol, tydi pêl-droed ddim yn dechrau o ddifri tan bod y clociau wedi'u troi ym mis Hydref. Mis Hydref ydi mis y cotiau, y Bovril, y llifoleuadau a'r angar. Mae o hefyd yn fis pan fo hogia cyffredin fel Chris Collins yn cael dod allan i chwarae.

****

Roedd yna ddisgwyl i Ddreifar 24475007 fynychu'r ysbyty filwrol ym Mönchengladbach am driniaeth ffisiotherapi reolaidd i'r anaf hegar a gafodd i'w law. Ond byth ers iddo sylweddoli fod Cymru am chwarae Gorllewin yr Almaen yn ninas gyfagos Köln, roedd y milwr deunaw oed 'di clustnodi 17 Hydref, 1979, fel diwrnod o ffwtboltherapi yn hytrach na ffisiotherapi.

Roedd Chris Collins wedi bod yn byw a gweithio yn Duisburg ers blwyddyn bellach. Roedd o'n aelod o'r Corfflu Trafnidiaeth Brenhinol, neu'r Royal Corps of Transport. Mae'n disgrifio ei yrfa filwrol fel gêm o *snakes and ladders*. Deirgwaith fe gododdi i gyrraedd lefel corporal. Deirgwaith fe ddychwelodd i rengoedd y preifatiaid yn dilyn diffygion disgyblaeth!

Ac yntau'n un o hogia Porthmadog, mae Chris yn ffan ffwtbol go-iawn. Roedd o wedi dechrau gwylio Cymru yn 1973 – ond doedd o 'rioed wedi gweld Cymru'n chwarae oddi cartre … tan y cyfle euraid hwn i wylio'r hogia yn y Mungersdorfer yn Köln.

Er fod gan Chris bapur doctor, doedd ganddo'n sicr ddim caniatâd i fynd i'r gêm. Roedd o dan orchymyn i gwrdd â'r car arferol fydde'n ei dywys o a chleifion eraill y baracs am eu triniaeth ym Mönchengladbach.

Doedd ganddo ddim digon o amser i ddechrau tyllu twnnel cudd, ond roedd hi'n danddaearol o dywyll pan ddiflannodd Dreifar 24475007 dros y wal ar fore'r gêm fawr. Cyn iddi wawrio roedd Chris, yn ei ddillad *civvies*, wedi dal trên gynnar i Köln. Cyrhaeddodd y ddinas honno bron 'run pryd â'r trên gychod o Ostende, oedd wedi tywys tri o ffrindiau Chris o gartre. Roedd hi'n braf blasu rhyddid oddi wrth ddisgyblaeth filwrol am ychydig oriau. Melysach fyth oedd cael gwneud hynny er mwyn gwylio gêm bêl-droed, a hynny yng nghwmni mêts da fel Huw John ac Ian Davies o Port, a Steff McKenzie o Gricieth.

Nath hi ddiwrnod da … tan y gêm o leia! Diwrnod o yfed trwm cyn colli'n drymach. Ac yna amser i ysgwyd llaw, ffarwelio a throi am adra. Roedd yr hogia, fel nifer o Gymry eraill, yn dal trên am bump y bore yn ôl i Ostende. Ond ar ôl helpu i gario Huw John druan i'r trên, roedd yn rhaid i Chris sobri, dal trên yn ôl i Duisburg a cheisio sleifio 'nôl dros y wal heb styrbio unrhyw un. Gobaith Chris oedd dringo'r wal a neidio i'w wely cyn i bawb orfod codi a mynd i baredio tua hanner 'di saith.

Fe weithiodd y cynllun yn berffaith … wel, bron. Wedi sesh bedair awr ar hugain, cerddodd y milwr meddw yn hyderus i mewn i'r stafell gysgu, a dod wyneb yn wyneb â'i sarjant cwbl sobor!

Teg dweud fod gyrfa Chris fel cefnogwr Cymru 'di para'n hirach na'i yrfa fel milwr proffesiynol! Dim ond megis dechrau yr oedd ei anturiaethau AWOL ledled Ewrop.

****

Mis Hydref 1991, ac roedd Chris 'di laru ailadrodd yr un hen bregeth. Er fod fawr neb yn ei gredu, roedd y postmon o Port yn gwbl gadarn ei farn. Doedd yna ddim gobaith caneri ei fod o am wastraffu amser, pres nac egni'n stryffaglu i Nürnberg i wylio Cymru. Roedd o wrth ei fodd efo'r Almaen ers ei chwe mlynedd o wasanaeth milwrol yno, ac roedd o'n gwybod ei bod hi'n gêm bwysig. Prin bedwar mis ynghynt, roedd o wedi 'methu' y bws Caelloi am adra, gan dreulio'r noson yn dathlu gôl gofiadwy Ian Rush yn erbyn y Jyrmans yng Nghaerdydd. Doedd pethau dibwys fel lletty, ffeindio ffordd 'nôl i Borthmadog drannoeth ac egluro'i absenoldeb dirybudd i'w wraig a'i gyflogwr yn poeni dim arno y noson honno. Doedd hyd yn oed y ffaith mai'r 'bastad coch trwyn mawr 'na sgoriodd' yn poeni dim ar yr Evertonian pybyr.

Doedd tîm pêl-droed Cymru 'rioed 'di cael y fath gefnogaeth o'r blaen – dros bum mil yn teithio i gyrion Bafaria i weld a fydde hogia Terry Yorath yn gallu osgoi cweir, a symud gam sylweddol yn nes at rowndiau terfynol Ewro 92 yn Sweden. Ond doedd Chris Collins ddim am fod ymysg y pum mil oedd yn chwilio am ymborth Tiwtonig. A pham hynny meddech chi?

Roedd cannoedd o gefnogwyr Cymru fel Chris wedi heidio i Frwsel y mis Mawrth blaenorol. Perfformiad da, a chanlyniad boddhaol iawn wrth i gôl Dean Saunders gipio pwynt annisgwyl braidd. Ac er fod Chris wedi hedfan i Frwsel, wedi bwcio gwesty ac wedi archebu tocyn i'r gêm, welodd y creadur mo stadiwm Constant Vanden Stock, heb sôn am gôl Deano.

Yn hytrach, be welodd o oedd cyfiawnder nodweddiadol faleisus y Belgiaid wrth i'r heddlu hebrwng cannoedd ohonom ar orymdaith o'r Grand Place i'r stadiwm ar bnawn y gêm. Cafodd Chris ei lusgo o'n mysg a'i hebrwng i orsaf heddlu gyfagos, ac ar ôl treulio noson yn rhannu cell efo tri chefnogwr Caerdydd ac un o Abertawe, cawsant eu tywys i brif garchar Brwsel. Doedd ganddyn nhw ddim clem be oedd yn digwydd – chafon nhw mo'u cyhuddo o unrhyw drosedd, ond chawson nhw mo'r hawl i gynrychiolaeth gyfreithiol na llysgenhadol chwaith.

Trodd y dydd Iau yn nos Iau ac yn fore Gwener. Amser am daith ddirgel arall. Dyma ffarwelio â charchar mawr Brwsel a chyfarch carchar mymryn llai yn Bruges. O leia roeddan nhw'n symud yn raddol tuag at borthladd Ostende ac am adra…

Wedi ychydig oriau yn Bruges, daeth hi'n amser ail gymal y daith i rywle. Cludwyd y pump ohonynt ar fws i Ostende. Nid i'r ddinas nac i'r porthladd a deud y gwir, ond yn syth ar y blydi cwch am Dover. Roedd y pum Cymro'n cael eu diportio!

Er ei bod hi'n braf cael gadael crafangau heddlu Gwlad Belg, doedd ganddyn nhw fawr o achos dathlu. Wrth i Chris gychwyn am adra, roedd ei bres, ei ddillad glân gora a'i basbort yn gwbl ddiogel … mewn gwesty ger y Grand Place ym Mrwsel!

Yn ddiarwybod iddo, roedd ei fêt, Barry Glyn (Ahmed i bawb sy'n ei 'nabod o), wedi llwyddo i gasglu ei eiddo a mynd â nhw adra efo fo drannoeth y gêm. Offrwm digon pitw i wraig Chris oedd bag chwaraeon, pasbort a dillad nad oedd wedi gweld golau dydd ers gadael Porthmadog dridiau ynghynt. A doedd yna fawr o sylwedd yn perthyn i esboniad Ahmed chwaith – rhyw fwmian nad oedd o wedi gweld Chris ers i'r plismyn 'i 'restio fo bnawn Mercher. Dim syndod felly nad oedd y croeso gafodd Ahmed gan Caroline, gwraig gynta Chris, fawr cynhesach na'r hwnnw gaiff llond stepan drws o Dystion Jehofa pan 'dach chi ar fin bwyta'ch cinio Sul.

Roedd hi'n nos Wener erbyn i Chris gael aduniad efo'i wraig, y plant, ei ddillad a'i basbort ym Mhorthmadog. Wedi glanio'n gwbl sgint yn Dover, cafodd y pump eu holi gan swyddogion y *Special Branch* a oedd mor gydymdeimladol, fel bod Chris yn amau eu bod nhw'n hen gyfarwydd â delio ag anghymedroldeb Belgaidd tuag at gefnogwyr pêl-droed.

Serch hynny, bu'n rhaid i Chris dorri'r gyfraith am y tro cyntaf yr wythnos honno, a sleifio'n ddi-docyn ar drên o Gaint i Crewe cyn ffonio ffrind fu'n ddigon caredig i'w nôl o'n syth bìn.

Felly, er gwaetha tynfa'r gêm fawr yn Nürnberg a'r ffaith fod ei frawd a chynifer o'i ffrindiau am deithio, doedd teithio mor bell heb unrhyw sicrwydd y bydden nhw'n cyrraedd y cae hyd yn oed, ddim yn apelio o gwbl at Chris. Gyda chynifer o Gymry ar grwydr, roedd Chris yn rhagweld y gallai pethau fynd yn flêr ac y bydde'r *Polizei* yn hynod wyliadwrus a llawdrwm. Doedd o'm isho talu cannoedd am y fraint o gael helynt gartre ac yn y gweithle … eto!

****

Un peth oedd treulio wythnosau, os nad misoedd, yn mynnu fod ganddo affliw o ddim diddordeb yn y daith i Dde'r Almaen. Peth arall oedd deffro'n gynnar iawn ar fore Llun, deuddydd yn unig cyn y gêm, a mynd i'r gwaith i Swyddfa Ddidoli'r Post Brenhinol. Ond os oedd hynny'n ddigon anodd, roedd gwybod fod ei frawd a chriw o'i ffrindiau gorau wedi cychwyn am Gatwick ychydig oriau ynghynt yn annioddefol.

Bu Chris yn stiwio yn ei swyddfa am rai oriau y bore Llun hwnnw. Ac wrth i'r cenfigen gnoi tu

Chris Collins ac Ahmed

mewn iddo, roedd o'n gallu teimlo'i benderfyniad yn graddol wanhau. Teg dweud nad oedd ei galon na'i feddwl ar ei waith drwy gydol y shifft.

Chafodd o ddim cyfle i agor ei geg, heb sôn am ddeud unrhyw beth. Syllodd Caroline arno cyn ysgwyd ei phen a deud …*"You're bloody going, aren't you?"* Roedd hi'n gwybod yn iawn mai gwastraff amser llwyr fydde ceisio darbwyllo Chris i newid ei feddwl eto – ac o fewn dwyawr, roedd ei gŵr wedi cael ei ginio, wedi pacio, wedi bod yn Gwynedd Travel i brynu ffleit i Frankfurt, ac wedi ffonio'i bennaeth yn y gwaith i'w hysbysu nad oedd o am droi i mewn am weddill yr wythnos!

Roedd Tommie Collins (brawd bach Chris) a chriw o hogiau Port, Pwllheli a'r Bala newydd gyrraedd Nürnberg wedi taith drên bedair awr o Munich. Roedd yn cerdded lawr y *strasse* o'r orsaf drenau pan welodd wyneb cyfarwydd Ian o Dreffynnon. Medd hwnnw …

"*Alright Tom? Just seen Chris in the Irish Bar down there.*" Cyfarchiad syml. Ond brawddeg a achosodd i Tommie Collins sefyll yn stond a syllu'n syn ar Ian. Roedd Tommie a'r hogiau yn amau fod Ian druan 'di dechrau drysu, ond roedd yr Evertonian o Lannau Dyfrdwy yn mynnu ei fod o'n llawn llathen, yn gymharol sobor, yn gwbl effro ac wedi gweld Chris bum munud ynghynt.

Brasgamodd Tommie i lawr y ffordd a throi cornel, a dyna ble'r oedd ei frawd mawr yn torri ei syched yn hamddenol braf tu allan i dŷ tafarn yn llawn Cymry.

"*Be ffwc wyt ti'n da 'ma?*" oedd cyfarchiad tyner Tommie.

"*Wales yn chwara, tydi,*" oedd ymateb cŵl Chris.

16 Hydref 1987. Denmarc yn erbyn Cymru yn Copenhagen. A'r lleoliad? Jyst tu allan i borthladd Harwich, yn methu'n lân â docio ynghanol y gwyntoedd gwaetha i daro arfordir de a dwyrain Lloegr er 1703.

"*Dwi isho marw,*" oedd ymateb mymryn llai na cŵl Chris Collins i'r sefyllfa.

Anghofiwch am deithiau Silver Star a'u tebyg. Teithiau Al Crown oedd cwmni teithio mwya poblogaidd Caernarfon a'r cylch y mis Hydref hwnnw. Roedd Al yn rhedeg tŷ tafarn y Crown o fewn waliau hen dref Caernarfon ar y pryd, a fo, heb os, oedd yn gyfrifol am drefnu gwyliau tramor i *connoisseurs* pêl-droed fel Chris Collins.

Mewn oes cyn dyfodiad cwmnïau awyrennau rhad fel Ryanair, Easyjet a BMI Baby, doedd hedfan ddim yn opsiwn realistig i gefnogwyr pêl-droed. Yn hytrach, rhaid oedd mynd i bobman mewn car, bws, trên neu long. Nid bod hogia Teithiau Al Crown yn cwyno, cofiwch, gan fod hynny'n rhoi mwy o amser yfed iddyn nhw hefyd!

Yn naturiol felly, roedd hi'n andros o daith hir a gwlyb o'r Crown i Copenhagen. Oriau maith mewn bws i Harwich cyn treulio deunaw awr ar fferi i Esbjerg yng ngorllewin Denmarc. Yna, yn ôl ar y bws ar draws ynys fawr Jutland cyn dal fferi eto i ynys Sjælland ac yna cyrraedd eu cyrchfan, yn flinedig, yn fudr …. ac yn barod am noson wyllt.

Roedd yna un yn fwy yn gadael y bws yn Copenhagen nag oedd wedi cyrraedd Harwich. Ar y cei yn fan'no, roeddan nhw wedi cwrdd â Kelly – cymeriad a hanner o Gaergybi – oedd wedi bodio ar ei ben ei hun bach, o un porthladd i'r llall. Roedd Kelly, nid yn gwbl annisgwyl, wedi meddwi'n rhacs a doedd yna ddim modd cael unrhyw sens ganddo. Doedd yna ddim pwynt gofyn be oedd ei gynlluniau fo. Doedd gan Kelly byth gynllun. 'Mond cychwyn i rywle ac yfed. Ond roedd o wastad, rywsut, yn llwyddo i lanio ar ei draed yn ninasoedd estron Ewrop.

Doedd o byth yn bwcio gwesty gan ei fod o wastad yn cael cysgu ar lawr stafell wely ei fêt mawr, Joey Jones, ond roedd hi'n edrych yn bur debyg na fydde'r creadur yn gweld Denmarc, heb sôn am Joey Jones, y noson hon. Roedd o un ai wedi colli ei basbort neu wedi ei adael o yng Nghaergybi. Problem, ymylol bron, oedd y ffaith nad oedd ganddo docyn ar gyfer y daith i Esbjerg chwaith!

Doedd dim amdani ond llusgo'r creadur ar y bws a'i sdwffio fo o'r golwg dan gadair, disgwyl i'r bws stopio rywle yng nghrombil y fferi, ac yna gadael i Kelly ymdoddi ymysg yr wyth cant a mwy o gefnogwyr Cymry oedd wedi sodro'u hunain yn y bar.

Y tro nesa i Chris weld Kelly oedd tu ôl i'r bar ar y fferi fewnol yn Denmarc, rai oriau'n ddiweddarach. Ia, tu ôl i'r bar! Taith fer oedd hi, a doedd y bar heb agor. Argyfwng i Kelly, yn amlwg, a doedd ganddo ddim dewis mae'n siŵr ond neidio dros y bar i dorri syched. Erbyn iddyn nhw ddocio yn y porthladd nesa, roedd y bar yn gwbl wag, a Kelly fel dyn glo yn cario sach go drwm ar ei gefn …

Hogia Port
yn Cyprus

****

Ar ôl colli'r gêm drwy gôl hwyr amheus, roedd hi'n amser ffarwelio â Copenhagen. Haws deud na gwneud, wrth gwrs, wrth i un o'r hogia gael mỳll go iawn pan sylweddolodd wrth bacio fod y ferch hyfryd oedd wedi treulio noson go ddifyr yn ei ystafell wedi dwyn pâr o'i sanau gorau. Dim dwyn arian, cerdyn credyd, na pasbort. Dim ond pâr o blydi sanau!

Mwy o ddrama wedyn wrth i bawb ddisgwyl yn y bws. Roedd rheolwr y gwesty yn bygwth galw'r heddlu ac yn gwrthod gadael iddynt adael am y fferi. Ymddengys fod yna anghydfod ariannol yn deillio o wahaniaethau diwylliannol. Yn y bôn, roedd un o'r hogia 'di gwirioni hefo'r arlwy anhygoel o ffilmiau budr ar deledu'r gwesty ac roedd o 'di bod yn 'gwledda' bob nos. Roedd yna uffar o fil i'w dalu, ond oherwydd cyfuniad o ddiniweidrwydd, swildod a llond trol o embaras, doedd neb yn fodlon cyfadde eu bod nhw 'di treulio'r rhan fwya o'r daith yn gwylio *Scandinavian Nymphos 3* yn hytrach na chwilota am y rîl thing yng nghlybiau nos y ddinas.

O'r diwedd, a hwythau eisoes ymhell ar ei hôl hi o ran amser, fe godod llanc bochgoch (fflamgoch a deud gwir), ar ei draed a chyfadde mai fo oedd y wancar euog. Rhyddhad i bawb, felly, a ffwrdd â nhw o'r diwedd i ddal fferi nos Iau am Harwich.

Yn union fel Corporal Jones yn *Dads Army* yn cynghori pobl i beidio â chynhyrfu, bwrdwn bwletin tywydd Michael Fish y noson honno oedd fod dim eisiau i bobl boeni am wyntoedd cryf. Fydde 'na ddim corwynt yn taro arfordir de Lloegr yn ôl y Bonwr Fish. Yn wir, roedd o fel tasa fo'n poeni mwy am law trwm nag unrhyw wyntoedd cryfion.

Ond nid glaw trwm fu'n gyfrifol am farwolaethau dros ugain o bobl, am niwed gwerth mwy na biliwn o bunnau i eiddo ac am ddinistrio pymtheg miliwn o goed. Heb sôn am adael nerfau cannoedd o gefnogwyr pêl-droed yn shwrwd.

Os oedd siwrne ddeunaw awr o Harwich i Esbjerg yn hir, doedd hi'n ddim o'i chymharu â'r daith gwbl hunllefus yn ôl i Harwich ynghanol y gwyntoedd annaearol. Roedd hi fel tasa Chris, Al Crown, Kelly a'r hogia ar daith roller-coaster perycla'r byd am bedair awr ar hugain solat. Er gwaetha gwyntoedd o dros gan milltir yr awr, doedd y fferi'n mynd i nunlle ond rownd a rownd mewn cylchoedd tu allan i waliau harbwr Harwich.

Yn ôl Chris – dyn fu'n filwr yng Ngogledd Iwerddon am gyfnod, cofiwch – does dim byd wedi codi cymaint o ofn arno na'r oriau a dreuliodd yn gorwedd mewn caban efo'i ben wedi'i gladdu yn ei glustog, a'i freichiau wedi'u sodro'n dynn yn ffrâm y gwely. Roedd yr artaith yn ddiddiwedd wrth i donnau anferthol luchio'r cwch a'i gynhwysion i fyny i'r awyr, cyn diflannu a gadael i'r llong gwympo'n ôl yn hegar. Wrth lanio, fel rhyw fath o 'belly-flop', roedd y fferi gyfan yn ysgwyd drwyddi gyda phobol, llestri, cadeiriau, bagiau a llond lle o chŵd yn hedfan yn anhrefnus i bob cyfeiriad. Chwarae teg, nath Gary Thomas drio'i orau i gropian i'r tŷ bach i chwydu, ond y peth nesa welodd Chris oedd traed Gary druan yn hedfan heibio wrth i'r fferi blymio tua'r dyfnderoedd.

Wrth gwrs, hen bennau fel Al Crown a Kelly oedd galla. Doeddan nhw heb drafferthu efo rhyw gabanau ffansi. Roeddan nhw 'di aros yn y bar a ddim yn dallt be oedd y fath halibalŵ wir!

Ond nid felly roedd Chris Collins a'i gyfeillion yn teimlo.

"Byth eto!" meddai Chris.

Hynny yw, byth eto … tan y tro nesa.

Llun Llo Llŷn

Mae gan Richard Greene o Bwllheli uffar o lun da o Danny Gabbidon a Simon Davies. Yn y llun, maen nhw'n sefyll ar sgwâr yng nghanol Helsinki am dri o'r gloch y bore. Yn well fyth, mae dau o'n sêr ifanc mwya disglair yn dal Draig Goch fawr Richard. Draig Goch efo PWLLHELI wedi ei beintio'n ofalus ar hyd y top. Perffaith.

Mae'r llun wedi mynd efo Richard i bobman byth ers y noson wych honno. Boed ar ei wyliau yn gwylio Cymru yn San Jose, yn ei waith ar fwrdd fferi Stena, yn nhafarn y Penlan Fawr neu jyst adra yn gwylio fideo o'r fuddugoliaeth nesa yn erbyn yr Eidal am y canfed tro, dyw'r llun ddim wedi bod heb Richard. Na Richard heb y llun chwaith.

Anghofiwch am lofnodion – 'mond sticio darn o bapur a beiro dan drwynau enwogion, a gobeithio 'nân nhw arafu'n ddigon hir i sgriblo llofnod amhersonol flêr, ffwrdd â hi, wrth basio ydi petha felly. Roedd cael llun Danny a Simon (nid Gabbidon a Davies sylwer!) yn fater hollol wahanol.

Nid mater o bwyntio camera gobeithiol at sêr sy'n pasio oedd hyn, cofiwch. Yn gynta, roedd Richard wedi gweld y chwaraewyr yn sefyll ar gyrion ciw cibabs. Yna, roedd o wedi llwyddo i roi enwau call i wynebau cyfarwydd, cyn magu digon o hyder alcoholaidd i ofyn iddynt am ganiatâd i dynnu llun. Brênwêf wedyn oedd cofio am y Ddraig Goch. Gan hidio befo am y ffaith ei fod o bron bymtheg mlynedd yn hŷn na'i arwyr, be well na chael y rheini'n gwenu fel giât arno fo, gan ddal Draig Goch Pwllheli?

Roeddwn yn dyst i be ddigwyddodd nesa. Wedi noson o ddathlu a rhyfeddu at harddwch merched y Ffindir, roedd pawb wedi gwasgaru. Eisteddais mewn stafell 'chill-out' yng nghlwb nos Bar Helsinki, gan obeithio y bydde rhai o'm ffrindiau'n dychwelyd cyn bo hir. Eisteddodd merch ar gadair ledar ddu foethus gyferbyn. Fel pob merch arall yn y wlad roedd hi'n hynod glên a siaradus. Ond yn wahanol i bob un wan jac arall, roedd hon yn bengoch blaen. Roedd Anna Dick (wir i chi!) yn hanner Albanes! Ac i neud pethau'n waeth, roedd hi newydd adael ei gŵr, a doedd ganddi nunlle i gysgu y noson honno. Dyna pam mai bag dillad mawr yn hytrach na handbag oedd ganddi hi mwn!

Nos da swta iawn gafodd Ms Dick, a ffwrdd â mi i chwilio am ffrindiau coll. Dyna pryd y gwelais i Richard Greene yn cyfarwyddo'r saethu epig ar y sgwâr.

O'r diwedd, roedd pawb yn hapus. Ac yna, gyda Danny Gabbidon a Simon Davies yn sefyll yn erbyn ffens yn dal Draig Goch Pwllheli ac yn edrych yn hynod amyneddgar i gyfeiriad y Cymro cynhyrfus o'u blaenau … creisis!

Suddodd calon Richard. Doedd ganddo fo ddim camera, siŵr iawn! Bellach, mae'r llun wedi'i hoelio'n solat ar ei gof, ond, gwaetha'r modd, tydi o heb gael ei hoelio ar waliau'r tŷ.

Draig Goch Pwllheli, ond dim sôn am Gabbidon na Davies

45

MARK AINSBURY

Manylion personol

Enw: Mark Ainsbury
Dyddiad geni: Hydref 1967
Man geni: Pontypridd
Cartref: Llundain
Arwydd y Sidydd: Cymreig
Statws priodasol: Un cariad hynod oddefgar
Swydd: Rhamantydd rhyngwladol
Cymwysterau: Blynyddoedd adfyd yn llawn tan-gyflawni … a chred gadarn bydd rhywbeth gwych yn digwydd rywddydd!

Hoff bethau?

Bwyd: Indiaidd
Diod: Fodca yn Baku (Tachwedd 2002) – perffaith
Anifail: Siwpyr Ffyri
Rhaglen deledu: *Phoenix Nights / Sgorio*
Cerddoriaeth: Super Furry Animals / Charlatans
Diddordebau: Poeni am dîm Cymru, canu'n uchel, a sgwrsio efo pobol cwbl ddiarth.

Gêm gynta?
Yn erbyn Gwlad yr Iâ ar y Vetch yn Abertawe yn 1981. Dwy gôl yr un, y llifoleuadau a gobeithion Cymru'n diffodd. Rhybudd clir o be'n union fydde'n disgwyl amdanaf am weddill fy mywyd?

Hoff stadiwm?
Stadiwm y Mileniwm a'r Philips Stadion yn Eindhoven.

Arwr plentyndod?
Mickey Thomas a Neville Southall.

Atgof gwaetha?
Popeth nath Bobby Gould ddeud a gneud.

Tasach chi ddim yn dilyn Cymru, be fasach chi'n neud?
Agor tŷ tafarn ym mhob dinas fydd yn cael ymweliad gan gefnogwyr Cymru, a threblu'r archeb arferol o'r bragdy.

Pa berson enwog hoffech chi gwrdd â fo?
Mark Hughes, pan fydd o'n cyflwyno fy nghap rhyngwladol cyntaf i mi. 'Na i addo trio fy ngore glas a chanu 'Hen Wlad fy Nhadau'.

Hunlle yn Nunlle

Fe ofynnais i Mark Ainsbury ddisgrifio, mewn dim mwy na deg gair, be'n union mae dilyn Cymru yn ei olygu iddo fo. *Trallod, methiant, digalondid, chwant, cariad, canu, yfed, harddwch, gogoniant a gorfoledd.*

A wyddoch chi be? Fedra i ddim, yn fy myw, anghytuno efo fo. Ma'r creadur yn llygad ei le. Rydw innau hefyd wedi profi pob un wan jac o'r uchod wrth wylio Cymru. Yn wir, ar fwy nag un achlysur, dwi wedi profi sawl un ohonynt, os nad pob un ar yr un daith neu hyd yn oed o fewn yr un awr a hanner o ffwtbol rhyngwladol.

Yn nhyb y gwas sifil sy'n ennill bywoliaeth yng nghanol Llundain, y wefr o wylio Cymru yw'r peth gora posib ar wyneb daear. Melysach fyth ydi cael gwneud hynny ar dir tramor cwbl ddieithr. Yn wir, tydach chi heb fyw go-iawn, medd Mark, os nad ydych chi wedi teithio o leia unwaith i wylio Cymru. Hyd yn oed os 'dan ni'n colli, mae'r garfan fechan o wrol gefnogwyr sy'n driw i'r tangyflawnwyr yn y crysau coch yn cael modd i fyw. Hyd yn oed yn yr eiliadau, munudau, oriau, dyddiau ac wythnosau lu o drallod, methiant, a digalondid!

Wir i chi, welais i 'rioed neb mwy brwdfrydig ac angerddol am Gymru na Mark Ainsbury. Ac mae o'n frwdfrydedd hynod heintus hefyd. Os ydych chi angen tystiolaeth, wele hanes un o deithiau tramor cynharaf y peiriant geiriau o Ffynnon Taf i wylio'i arwyr. Neu, yn arddull cwbl nodweddiadol Mark ei hun ... *"a tale of how the world's most beautiful sporting outfit can seep into the very core of an otherwise barren life, elevating mind and body alike to a higher plane of existence".*

****

Er fod 'na beryg iddo swnio fel rhyw gorrach emosiynol – y teip o foi fasa'n ysgogi rhywun i groesi traffordd brysur jyst er mwyn ei osgoi – mae Mark yn falch o ddatgan mai'r unig beth yn y byd mae o'n wir wedi dyheu amdano ydi gweld Cymru'n cyrraedd rowndiau terfynol cystadleuaeth pêl-droed o bwys. Unrhyw gystadleuaeth o bwys.

Yn dilyn y siom enfawr yn erbyn Rwmania yn 1993, roedd y cwymp mewn lefel disgwyliadau bron mor serth â'r cwymp o ran safon perfformiadau Cymru. Yn ôl Mark, roedd yna ddeigryn yn llygad ei fam pan esboniodd wrthi ei fod o wedi israddio'r Greal Sanctaidd o weld Cymru'n ennill mewn rowndiau terfynol cystadleuaeth bêl-droed go-iawn ... i weld Cymru'n ennill oddi cartre! Unrhyw le. Unrhyw bryd. Yn erbyn unrhyw un. Wedi'r cwbl, fedrith ffan ffwtbol o Gymro ddim fforddio bod yn or-ffyslyd.

Felly, ar ôl bod yn ddigon blêr i fethu'r buddugoliaethau ar ddechrau'r naw-degau yn Lwcsembwrg ac Ynys Cyprus, roedd Mark yn ben set ar drip difyr a thriphwynt pendant ym Moldofa ym mis Hydref 1994.

Fel pob carwriaeth anniben arall, mae yna lond trol o gicio a brathu, cecru a bygwth cerdded allan, wedi melltithio perthynas Mark â Chymru dros y blynyddoedd. Ond mae'n siŵr mai Moldofa oedd yr agosa y daeth hi at lythyr twrna.

****

Moldofa. Gwlad newydd sbon danlli. Gwlad â'i tharddiad yng nghwymp poenus a disymwth yr hen Undeb Sofietaidd. Gwlad nad oedd 'rioed wedi cynnal gêm bêl-droed ryngwladol ar ei thomen ei hun tan i Gymru lanio. A gwlad oedd, heb os, wedi ei chreu'n unswydd i chwistrellu mymryn o lawenydd i fywydau di-liw y saith deg wyth o drueiniaid coll a deithiodd yno i wylio'u tîm pêl-droed cenedlaethol.

Siawns na fydde hyd yn oed Cymru'n gallu gneud llanast o betha mewn lle mor llwm a llipa. Roedd Mark Ainsbury am ganfod ei Greal Sanctaidd ddiwygiedig ym Moldofa. Yndoedd?

Gan wfftio'r syniad twp o hedfan yn uniongyrchol i Moldofa, clyfrach awgrym o beth uffar oedd hedfan i Bwcarest, prifddinas y wlad drws nesa, Rwmania, cyn dal trên cyntefig o'r fan honno i gyfeiriad Chisinau, prifddinas Moldofa. Syniad clyfar ar bapur. Dim cystal wrth iddi wawrio drannoeth y gêm rywle ar y ffin rhwng y ddwy wlad.

Dim ond pedwar Cymro oedd yn credu ei fod o'n syniad da a deud y gwir. Ac yn cadw cwmni i Mark oedd tri arall o Gymry Llundain. Bancar, darllenwr y *Sun* a chefnogwr Abertawe oedd Ralph Davies ar ddechrau'r daith, ond ar ôl y daith ryfeddol hon, cafodd dröedigaeth lwyr. O fewn ychydig fisoedd roedd o'n ddarllenwr y '*Guardian*' ac yn athro Saesneg yn Brno yn y Weriniaeth Tsiec. Llyfrgellydd yn hanu o Brestatyn oedd Wrexham John, ac ia, 'na chi, roedd o'n cefnogi Wrecsam. A'r llall oedd rhyw gefnogwr Arsenal diflas sydd ddim yn haeddu cael ei enwi gan nad ydi o wedi mentro dramor i wylio Cymru ers dychwelyd o'i wythnos mewn paradwys Moldofaidd!

Petai'r criw 'di llwyddo i gysgu ar y daith drên, ma'n siŵr basan nhw wedi breuddwydio am betha neis – petha fel croeso cynnes gan ferched lleol rhyfeddol hardd, galwyni o win rhad a chyfle i weld Nathan Blake yn cadarnhau ei fod o'n un o flaenwyr gora'r byd. Ia, 'na chi, y math yna o freuddwyd!

Ac wedi "*Croeso i Moldofa*" clên gan y ddynes archwilio tocynnau, ffwl spîd wedyn am y brifddinas oedd bwriad y teithwyr rhadlon. Wedi'r cwbl roeddan nhw'n ysu am gael cyrraedd Chisinau er mwyn addoli a rhyfeddu ar yr allor o ragoriaeth mabolgampol a elwir yn dim pêl-droed dan un ar hugain Cymru.

Doedd y realiti ddim cweit mor syml. Yn hytrach na merch gymwynasgar gyda'i gwên barod, wele blatŵn cyfan o fyddin seicopathig yr olwg yn disgwyl amdanynt. Dim gwên, jyst gwn. Croeso Kalashnikovaidd go-iawn.

Mewn chwinciad chwannen roedd y pedwar Cymro a'u bagiau wedi eu taflu'n ddiseremoni ar blatfform trenau'n llawn milwyr arfog – hunlle yn nunlle go-iawn.

A'u trosedd honedig? Fawr o ddim a deud y gwir. Hynny yw, ac eithrio bod yn dramorwyr a'u bod eisiau mynd i Moldofa. Doedd 'na'm posib, yn nhyb y milwyr 'ta beth, fod unhyw un llawn llathen isho mynd i Moldofa. Yn amlwg doedd neb 'rioed wedi bod o'r blaen, ac yn sicr doedd neb wedi mynd yno er mwyn gwylio gêm o ffwtbol.

Be fydde ffawd y pedwar tybed? Carchar? Cael eu hel adre? Eu llwgu hyd yn oed? Mam bach, falle'u bod nhw am gael eu dienyddio yn y fan a'r lle. Roedd yna un posibilrwydd llawer gwaeth yn nhyb Mark. Be tasan nhw'n methu'r blydi gêm? Roedd hyn yn ei boeni'n arw gan fod y creadur wedi addo mynd â rhaglenni'r gêm yn ôl i'w ffrindiau nad oedd wedi teithio.

Daeth hi'n amlwg iawn cyn bo hir fod y milwyr yn credu'n gryf mai rhyw syniad cyfalafol gorllewinol od oedd 'amser'. Llusgodd un awr o ddisgwyl yn ddwy ... yn dair ... yn bedair ... yn bump ... heb i unrhyw beth ddigwydd. Roedd angen cynllun. Llugoer, drwgdybus ac anghrediniol fydde'r ansoddeiriau mwya addas i ddisgrifio ymateb y milwyr i'r dyfeisgarwch Celtaidd a welodd yr hogia'n honni, mewn Rwmaneg eitha gwarthus, mai peldroedwyr rhyngwladol o Gymru oedden nhw, ar eu ffordd i herio cefndryd Moldofaidd y milwyr.

Fel sesiwn o weddïo dwys mewn teml Bwdhaidd, wele bedwar Cymro despret yn yngan *"Footballista Tara Galilor. Footballista Tara Galilor. Footballista Tara Galilor"* am oriau maith, gan obeithio am dawelwch meddwl a rhyddhad. Roedd Mark yn gwybod mai *"Tara Galilor"* oedd 'Cymru' mewn Rwmaneg, ac roedd o'n defnyddio *"footballista"* yn y gobaith diog ei fod o, yn f'ama fel ym mhobman arall i'r dwyrain o Dover, falle'n golygu 'pêl-droediwr'.

Cafodd Mark gipolwg dychrynllyd ar ei gyflwr meddwl pan ddechreuodd daeru i ddyn diarth arfog mai fo, Mark Ainsbury, oedd David Phillips, cefnwr de Cymru a Nottingham Forest! Mynnodd fod ganddo gêm bwysig yn Chisinau a bod yn rhaid iddynt ei ryddhau rŵan hyn, heb unrhyw oedi pellach. Ymdrech lew, ond ymdrech ofer arall gwaetha'r modd.

Ar ôl naw awr dan glo, a'r hogia'n prysur ddiflasu ar y math yma o wyliau os nad ar fywyd ei hun, llwyddodd Mark, rywsut, i berswadio'r boi efo'r mwstásh mwya i roi benthyg ffôn iddo. Yn rhyfeddol, pan gododd Mark y derbynnydd, sylweddolodd fod y ffôn yn gweithio. Yn fwy rhyfeddol fyth, llwyddodd i ffonio'r gwesty yn Chisinau oedd yn gartre dros dro i'r Cymry oedd wedi hedfan yn syth yno (swnio'n syniad gwell fyth erbyn hyn!). A 'dan ni'n sôn am gyrraedd lefel gwyrthiau pan lwyddodd i gael ateb yn ystafell Alun Evans, Ysgrifennydd Cymdeithas Bêl-droed Cymru ar y pryd, a dyn oedd yn *'enwog'* am sicrhau tegwch a chyfiawnder i gefnogwyr Cymru dramor bob cyfle posib.

Ond er gwaetha rhestr hirfaith Mark o'r anghyfiawnderau dynol ar y ffin, a'i ymbilio despret am ymyrraeth gan y Gymdeithas Bêl-droed o leia, os nad y Cenhedloedd Unedig hyd yn oed, i'w hachub o'u tranc, doedd yna ddim owns o gydymdeimlad yn perthyn i'r Bonwr Ifans.

"Sorry, Sir," meddai'r pen-bandit yn hynod, hynod gwrtais, *"there's absolutely nothing we can do,"* cyn rhoi'r ffôn i lawr yn glep ar Mark a'i gyfeillion mewn trallod.

Hunanladdiad oedd y dewis nesa groesodd feddwl Mark a'r hogia wrth i ddydd Mawrth droi'n nos Fawrth, ac i'r blaned Mawrth ddechrau ymddangos yn nes na Moldofa. Roedd petha 'di mynd o ddrwg i waeth ers y sgwrs ddiffrwyth efo Alun Evans. Bellach roedd Mark mewn picil go-iawn. Mewn ymdrech i gymodi a hybu dealltwriaeth ryngwladol – rhyw fath o ddwylo dros y môr cyntefig am wn i – yn ogystal â helpu i ladd amser, roedd y creadur 'di dechrau chwarae gwyddbwyll yn erbyn un o'r soldiwrs ifanc. Syniad da, chwara teg, ond roedd 'na broblem – roedd Mark o fewn un symudiad i ennill y blydi gêm! Ac wrth i'r milwr gofleidio'i Kalashnikov yn or-dyner braidd, rhaid deud nad oedd o'n edrych y teip fydde'n fodlon dod yn ail mewn unrhyw beth i ddyn oedd mor amlwg wallgof â'r boi blêr a blinedig a eisteddai gyferbyn ag o. Dyna i chi ddilema yndê! Mynd am checkmate a pheryglu'ch bywyd, ynte wfftio'r cyfle a byw mewn gobaith o weld Cymru eto rywbryd?

Dim ond ar deithiau Cymru oddi cartre fedrwch chi warantu'r fath greisis. Cyfyng-gyngor tra gwahanol i'r hwnnw gewch chi bnawn Sadwrn mewn B&Q wrth geisio dewis rhwng y magnolia a'r off-white! Ys dywed Mark …

"Death or glory. Hero or zero. Your life's destiny shaped by the move of a rook."

Doedd gan Mark Ainsbury ddim dewis mewn gwirionedd ond gadael i'r soldiwr ennill, nagoedd? Wedi'r cwbl, onid oedd o angen mynd i wylio Iwan Roberts yn chwarae dros ei wlad? A 'ta beth, hyd yn oed ar drip tramor i wylio Cymru'n chwarae pêl-droed, bydde cael eich saethu'n farw mewn gêm o wyddbwyll fymryn yn esgeulus.

****

O'r diwedd. Am hanner nos, un awr ar bymtheg ar ôl iddyn nhw gael eu llusgo oddi ar y trên i Chisinau, cafodd y pedwar Cymro eu gwthio ar drên … yn ôl i Bwcarest! Wedi diwrnod dan glo, heb fwyd na chwrw, roedd eu cais am fynediad i Foldofa wedi ei wrthod. Halen ar y briw oedd cael eu gorfodi i ddal trên oedd yn mynd y ffordd arall. Ac wrth ymbellhau oddi wrth y ffin nas croeswyd, yr unig beth ar feddwl Mark oedd un cwestiwn syml … tybed a fydde Giggsy'n fodlon mynd i'r un trafferth drostyn nhw?

Tri chynnig i Gymro medd y ddihareb, ond roedd ail gynnig yn ddigon i'r hogia styfnig yma. Roedd hi'n ddau o'r gloch y bore pan gyrhaeddon nhw'r orsaf nesa, a doedd ganddyn nhw ddim dewis ond neidio allan i dywyllwch y ddinas anhysbys i ailfeddwl eu strategaeth.

Nid tacsi oedd o a deud y gwir ond dyn lleol heb ddannedd oedd wedi meddwi. Ond dyn lleol heb ddannedd oedd yn digwydd eistedd mewn car efo'r goriad yn ei law. Mae hi wastad yn haws cyfathrebu efo rhywun sy ddim yn rhannu'r un ieithoedd pan 'dach chi, neu nhw, 'di meddwi ac, o'r herwydd, llwyddodd yr hogia i ddarbwyllo'r darpar-dacsi i fynd â nhw at ffin arall gyda Moldofa.

Roedd hi'n dywyll bitsh. Doedd goleuadau'r car ddim yn gweithio. Roedd y gyrrwr yn chwil gaib. A doedd ganddo fo, na nhw chwaith, fawr o glem i ble'r oeddan nhw'n mynd. Cymaint oedd ofn yr hogia, cyfaddefodd Mark fod mynd yn ôl i'r ffin gwreiddiol a'r posibilrwydd o gael eu saethu yn apelio'n fwy.

Toc wedi pedwar y bore, wele fan croesi i Moldofa. Man croesi newydd, llawn gobaith, a llawn … milwyr. Ond roedd y rhain yn deall sut oedd y rhan fwya o'r byd yn gweithio. Wedi pedair awr o bledio ac ymbilio, llwgrwobrwyo enillodd y dydd. Hanner can doler a phacad o ffags bob un oedd pris mynediad i Moldofa – pris oedd yn swnio'n rhad gythreulig i hogia oedd wedi treulio bron i bedair awr ar hugain yn ceisio croesi'r ffin.

Roedd petha'n amlwg wedi dechrau mynd o blaid yr hogia bellach. Doedd 'na ddim trên fan hyn wrth gwrs, ond mymryn o lwc oedd cael cynnig pàs ar fws –

bws oedd yn llawn Serbiaid chwyrn yr olwg ar eu gwyliau. Gwyliau? Ym Moldofa? Pwy ddiawl fydde'n ddigon hurt i neud hynny?!

Welsoch chi 'rioed neb hapusach mewn bws llawn Serbiaid! Roedd yr hogia ar ben eu digon ac yn ysu i gyrraedd Chisinau er mwyn gweld eu harwyr disglair yn chwalu'r siop shafins o dîm fydde gan y Moldofiaid.

Deng awr ar hugain yn hwyrach na'r disgwyl, a 'chydig oriau'n unig cyn y gêm fawr, cyrhaeddodd y pedwar y baradwys a elwir yn Chisinau. Roeddan nhw'n fudr, yn flinedig ac ar lwgu ond o leia roeddan nhw wedi osgoi'r embaras o weld y tîm dan un ar hugain yn cael cweir. Methu'r *hors d'oeuvres* falle, ond yna mewn da bryd am y prif gwrs …

Croesi'r ffin o'r diwedd

****

Tasa Cymru heb ildio pum gôl yn Georgia prin fis yn ddiweddarach, basa'r gêm ym Moldofa 'di cael ei hystyried fel un o isafbwyntiau hanesyddol pêl-droed Cymru. Roedd y lleoliad yn gwbl addas i'r perfformiad rywsut. Yn ôl Mark, a tydw i ddim am anghytuno, roedd y Stadionul Republican yn Chisinau yn rhoi syniad go lew i chi o sut fath o le ydi uffern. Diflas a drewllyd. Garw a gweglyd. A'r maes rhyngwladol honedig fel tasa fo newydd gael ei aredig ar gyfer yr achlysur pwysig.

Er gwaetha cyflwr y stadiwm, er mai dim ond un gêm ryngwladol yr oeddan nhw wedi'i chwarae o'r blaen, ac er eu bod nhw'n gwisgo kit fyddai'n codi cywilydd ar dîm tŷ tafarn, Moldofa enillodd … yn haeddiannol hefyd. Roedd y cefnogwyr lleol, wedi degawdau llwm, yn eu seithfed nef – yn rhannol mewn cynnwrf cenedlatholgar, ac yn rhannol mewn dileit anghrediniol fod yna rywle yn y byd oedd yn berchen ar dîm pêl-droed gwaeth na'u tîm nhw!

Nid am y tro cynta, ac yn sicr nid am y tro ola, fe darodd hi Mark y bydde un ar ddeg o gefnogwyr – waeth pa mor feddw oedden nhw – a'r rheini wedi eu dewis ar hap, wedi arddangos mwy o galon, balchder ac ymdrech na'r un ar ddeg clown ar y cae y noson dywyll honno.

Digalonni wrth adael y gêm

Taith arall hesb i Mark felly, a hyd yn oed y Greal Sanctaidd llai uchelgeisiol cyn belled ag erioed. Ond er iddo gael rhai o'i brofiadau mwya hunllefus ar y daith i Moldofa, mae o'n gwybod yn iawn y basa fo'n gneud yr un peth eto fory nesa.

Peth ymylol ydi'r canlyniadau i fois fel Mark. 'Dan ni 'di gwella'n aruthrol yn ddiweddar dan Sparky wrth gwrs, ond 'dan ni wastad 'di bod yn salach am gyfnodau hirach na 'dan ni di bod yn dda. Falle fod hyn yn swnio'n od, yn hurt o bosib, ac yn gableddus i rai eraill hyd yn oed, ond mae hi'n haws pan mae'r tîm yn sobor o sâl. Bryd hynny, does 'na ddim pwysau ac affliw o ddim disgwyliadau. Yn hytrach, gewch chi ganolbwyntio ar gael hwyl a sbri, tra bod cefnogwyr gwledydd llwyddiannus yn gorfod poeni am batrymau chwarae, anafiadau a *permutations* y canlyniadau.

Tydi hi 'mond yn deg 'mod i'n gadael i Mark Ainsbury gael y gair ola yn y bennod yma, a hynny i ddisgrifio'i angerdd wrth ddilyn Cymru:

"The camaraderie, togetherness and sheer unbridled stupid fun of going away with a group who look out for each other, come what may; meeting old friends, making new friends and even getting an occasional good performance by Wales thrown in, well it's just perfect. It's the greatest thing I've ever done."

O.N. Hir yw pob aros, ac fe gymrodd hi tan fis Hydref 1998 i Mark weld Cymru'n ennill oddi cartre am y tro cynta. Denmarc 1 Cymru 2 yn Copenhagen. Ac oedd, roedd yn ei ddagrau ar ddiwedd y gêm.

Maes awyr Chisinau ar y ffordd adre

Wrth Ddychwel Tuag Adre ...

*"We are mad. We're insane
We are Cuckoo! Cuckoo! Cuckoo!"*

Os mai bwriad cefnogwyr Cymru oedd tynnu coes eu gwrthwynebwyr, nath o'm gweithio. Sgoriodd y Swistir, a trodd dwsinau o'u cefnogwyr at yr ychydig Gymry yn Lugano, gan weiddi "Cwcw! Cwcw! Cwcw!"

****

Ar daith drên drwy'r Alpau penderfynodd yr hogiau mai uffar o syniad da fydde talu teyrnged i un o enwogion y Swistir. Sydd, am wn i, yn esbonio pam fod pedwar Cymro wedi treulio deuddydd yn cerdded o amgylch Lugano efo bwa yn eu dwylo, rhwymyn ar eu pen, afalau, yn sownd mewn cortyn, ar ben y rhwymau a saeth yn sticio allan o'u llygaid gan ganu:

*"He shot, he missed
He must be f***ing pissed
William Tell. William Tell."*

Anodd dallt pam ar wyneb daear fod gohebydd gorsaf radio wedi meddwl am eiliad y byddai'n syniad da gofyn i un o'r criw dethol yma a fyddai o'n fodlon cyhoeddi tîm Cymru yn fyw ar y radio. YN FYW!!!

Wel, gyda chynifer o'r garfan Gymreig wreiddiol yn absennol, doedd yr enwau ar y dudalen a roddwyd dan drwyn Gwilym yn ddim byd tebyg i'r tîm fydde'n camu i'r maes ymhen rhyw hanner awr.

Am ychydig funudau, Gwilym oedd hyfforddwr newydd Cymru. Falle fod yr enwau yn ddiarth i'r gwrandawyr a'r gohebydd, ond roedd cyhoeddiad Gwilym wrth fodd ambell hen Gymro. Wedi dwsin o gêmau fel dirprwy Dai Davies ar ddiwedd y saithdegau, braf oedd gweld Glan Letheran yn ennill cap cynta hir-ddisgwyliedig, gyda Byron Stevenson yn ymddangos yng nghanol yr amddiffyn am y tro cynta mewn degawd a hanner!!

Wedi'r cyhoeddi camarweiniol, daeth diweddglo teimladwy i araith Gwilym. Gyda'r Swistir yn paratoi ar gyfer rowndiau terfynol Ewro '96 yn Lloegr, ymbiliodd Gwil arnynt o waelod calon:

*"On behalf of the Welsh nation, I hope you beat England.
It is very important that you beat England in Wembley, please."*

Naethan nhw ddim, wrth gwrs, a dwi'n siŵr y bydde Gwilym yn deud fod saethu disgynyddion William Tell yr un mor wallus ag erioed!

53

GERAINT THOMAS

Manylion personol

Enw:	Geraint Thomas
Dyddiad geni:	Ionawr 24ain 1973
Man geni:	Caerdydd
Cartref:	Byw ym Mhentir ger Bangor, ond hogyn Dyffryn Nantlle heb os
Statws priodasol:	Yn briod â Meleri
Swydd:	Gweithio yn y diwydiant teledu

Hoff bethau?

Bwyd:	Pei stêc a cidni
Diod:	Guinness
Rhaglen deledu:	*New Yankey Workshop*
Cerddoriaeth:	Jazz
Ffilm:	*Jungle Book / Shrek*

Hoff siant bêl-droed?
'Gwŷr Harlech'

Stadiwm waetha?
Y Stadionul Republican yn Chisinau, Moldofa.

Stadiwm orau?
Stadiwm Genedlaethol yr Wcráin yn Kiev.

Atgof gwaetha?
Perfformiad Cymru yn erbyn Moldofa ar fy nhaith gynta oddi cartre yn 1994.

Arwyr Cymru?
Yn y gorffennol, Ian Rush. Heddiw, 'sa rhaid mynd am Robbie Savage. Mae ei galon o, os nad ei frên, yn y lle iawn.

Pa berson enwog hoffech chi gwrdd â fo?
Albert Einstein – am ei allu i feddwl tu allan i'r bocs!

Tasach chi ddim yn dilyn Cymru, be fasach chi'n neud?
Rhywbeth 'geeky' arall fel gwylio trenau neu hacio i mewn i gyfrifiaduron.

Pa gyngor byddech chi'n ei roi i chwaraewyr Cymru?
Cofiwch am y cefnogwyr – 'dan ni 'di talu i deithio i bob twll tin byd.

Hwyl â Fflag

'Gwybodaeth' sy'n galluogi rhywun i ddatgan yn hyderus mai ffrwythau ac nid llysiau yw tomatos, ond 'doethineb' sy'n sicrhau nad ydych chi'n eu cynnwys nhw mewn salad ffrwythau.

Rhyw fersiwn ddaearyddol o'r fath athroniaeth glyfar gafodd Geraint Tomos druan ym mis Medi 2000. Roedd o wedi hanner 'i dallt hi a deud y gwir – wel, roedd o wedi dysgu'r darn oedd yn sôn am wybodaeth ta beth.

Oedd wir, roedd Ger yn gwybod mai Minsk oedd prifddinas Belarws. Ond, fel y cyfaddefa'r creadur gonest rŵan, cam annoeth ar y naw oedd credu mai hwyl fydde dal trên o Fangor i Finsk, ac yn ôl.

****

Cofiwch, fu doethineb 'rioed yn un o nodweddion amlyca cefnogwyr pêl-droed Cymru. Cefnogwyr fel Geraint Tomos. Dangosodd dwpdra anhygoel, neu wroldeb rhyfeddol, tra oedd yn gwylio Cymru'n chwarae am y tro cynta 'rioed, ar y Cae Ras yn Wrecsam ym mis Chwefror 1991. Gewch chi benderfynu.

Cymru yn herio Gweriniaeth Iwerddon mewn gêm gyfeillgar. Gêm na ddylid fod wedi ei chynnal a dweud y gwir – roedd y cae yn wyn dan rew ac eira trwchus, ac yn beryg bywyd dan draed. Tra bod y sêr rhyngwladol yn ymbalfalu yn yr eira, roedd Geraint a'i fêts yn rhynnu ar y teras, yn ceisio gwylio Eric Young yn dynwared rhyw fath o Bambi ar rew. Unig broblem yr hogia oedd yr olygfa – neu'n hytrach, y diffyg golygfa. Roedd hyfforddwr enwog y Weriniaeth, Jack Charlton, yn mynnu sefyll tu allan i 'dugout' y Gwyddelod, reit o flaen Geraint.

"Excuse me, Mr Charlton, could you move slightly so that I can see better," oedd ymholiad cwrtais Saesneg gora y llanc diymhongar.

Ateb digon swta gafodd Geraint. Dau air. Medd Mr Charlton … *"Fuck off!"*

****

Dwi'n rhyw amau mai dyna'r math o eiriau a ddaeth i feddwl Geraint yn ei dro, yn Stadiwm Dinamo ym Minsk, pan drodd rhyw foi o dde Cymru ato, a sibrwd …*"Don't worry, mate, you haven't come all this way to argue"*… Tasa hwnnw 'mond yn gwybod.

****

Er ei bod hi'n ddigon posib fod rhai ohonoch chi'n adnabod Geraint, mi fentra i fod y mwyafrif helaeth ohonoch yn dipyn mwy cyfarwydd â'i gampwaith celfyddydol rhyngwladol, campwaith sydd wedi ymddangos yn gefndir i gêmau pêl-droed Cymru ers degawd a mwy.

Er ei fod bellach yn byw ym Mhentir ger Bangor, brodor o Ddyffryn Nantlle ydi Geraint, a fo sy berchen baner amlyca Cymru. Baner hynod syml – Draig Goch efo 'DYFFRYN NANTLLE' mewn 'sgrifen ddu bras ar hyd y top. Chwip o faner sy'n mesur deugain troedfedd ar ei hyd ac wyth troedfedd ar hugain ar ei thraws. Yn ôl Geraint, roedd yna Ddraig Goch fwy yng Nghastell Caernarfon adeg yr arwisgiad, ond mae hi'n bur debyg fod honno, fel diddordeb Carlo yn 'ei' wlad wedi dirywio'n arw bellach, os nad wedi llwyr ddiflannu.

Nid mater o brynu baner oedd hi i Geraint – doedd unman yn cynnig baner o'r fath faint wedi'r cwbl. Yn hytrach, mater o annog ei chwiorydd Elin a Catrin i roi help llaw iddo, a threulio tair wythnos yn dylunio, siapio, torri a gwnïo llathenni ar lathenni o ddeunydd trilliw cyn y stensilio holl bwysig fydde'n sicrhau fod pawb yn cael gwybod am darddiad baner fwya Cymru.

Crefftwaith arbennig Elin a Catrin ... 'chwip o faner'.

Er gwaetha'r siomedigaethau niferus ers i'r faner gael ei gwasgu i sach deithio o Warws Beddgelert am y tro cyntaf ar gyfer gêm yn erbyn Gweriniaethau'r Tsieciaid a'r Slofaciaid ym Medi 1993, mae Geraint a Draig Goch Dyffryn Nantlle wedi bod yn driw iawn i Gymru.

Mae angen tipyn o ymroddiad i gario'r sach deithio i bobman ar ddiwrnod y gêm, a gorfod gadael ffrindiau yn y City Arms neu dŷ tafarn dramor, bron awr a hanner cyn y gic gynta, jyst er mwyn sicrhau fod ganddoch chi ddigon o amser a lle i gael cartre dros dro i'ch llafur cariad.

****

"Uffar o syniad da. Dwi'n gêm," oedd ymateb unfrydol y criw oedd yn trafod rownd y bwrdd mewn tŷ tafarn ym Mangor Uchaf. Ymateb greddfol ... a meddw hefyd, gwaetha'r modd. Y cynnig gerbron y cyfeillion oedd dal trên i Minsk i wylio gêm gynta Cymru yn rowndiau rhagbrofol Cwpan y Byd 2002.

Wedi'r cwbl, roedd o'n rhatach na hedfan a byddai'n rhoi cyfle iddyn nhw weld mwy o Ewrop. Ond drannoeth, y sobri, a phawb yn ymbalfalu am esgusodion tila. Yn union fel tasach chi'n gwylio ffilm *The Magnificent Seven* gyda'ch bys ar y botwm *'rewind'*, fe drodd y saith yn chwech ... yn bump ... pedwar ... tri ... dau ... a chyn bo hir, dim ond un oedd ar ôl. Ia, Geraint Tomos oedd Yul Brunner Cymru.

****

Holiadur byr i chi:
{1} Fasech chi'n teithio i wlad bell, gwbl ddieithr ar eich pen eich hunan?
{2} Fasech chi'n treulio dros gant o oriau mewn trên er mwyn gwylio gêm ffwtbol?
{3} Fasech chi'n llusgo homar o Ddraig Goch efo chi?

Os ateboch chi 'baswn' i bob un o'r cwestiynau uchod, wel, llongyfarchiadau, 'dach chi 'run mor wallgo â Geraint Tomos!

Prin fu'r paratoadau mewn gwirionedd – roedd ganddo ryw fath o syniad i ba gyfeiriad roedd o angen mynd, ond doedd o heb lunio amserlen fanwl na phrynu'r holl docynnau. Dyma bacio'r Ddraig Goch i'r sach deithio gan wthio dau bâr o drôns, trowsus a chrys sbâr i'r modfeddi prin o le gwag oedd yn weddill, ac i ffwrdd ag o am ryfeddodau'r Dwyrain … a Bangor.

Yn ôl y sôn, tasech chi'n gofyn i Wyddel, p'run oedd y ffordd orau i fynd o un lle i'r llall, mae'n bur debyg mai'r ateb y basech chi'n ei gael fyddai nad o'r fan hyn y base fo'n cychwyn. Ac anodd meddwl am unrhyw le mwy anaddas i gychwyn y daith i Minsk na gorsaf drenau Bangor, yn yr oriau mân, ar unrhyw fore.

Roedd hi'n mynd i gymryd oddeutu deuddydd a hanner i gyrraedd. Fe gymrodd hi gwta ddwy awr a hanner cyn yr oedi cynta, wedi i greadur neidio ar y lein yng nghyffiniau Stafford. Fel Brian Stimpson, cymeriad John Cleese yn *Clockwise,* roedd brwydr Geraint yn erbyn ei oriawr ac amserlenni trenau wedi dechrau ac, yn barod, roedd Geraint ar ei hôl hi.

Hwyr yn cyrraedd Llundain felly, a bu'n rhaid brysio i gasglu pasbort a fisa o Lysgenhadaeth Belarws yn Kensington. Yna'r tiwb i Waterloo, a'r Iwrostar i Frwsel. Wedi gwastraffu amser yn y ddinas ddi-bersonoliaeth honno, daliodd drên dros nos i Berlin.

Roedd hi'n ganol bore Gwener pan gyrhaeddodd orsaf Zoo-Station, reit yng nghanol prifddinas yr Almaen. Ar ôl bachu ar y cyfle i weld rhai o brif atyniadau'r ddinas, fel y Reichstag a Giât Brandenburg, roedd Geraint yn ymwybodol fod yna dasg go bwysig yn ei ddisgwyl … ia, darganfod be'n union fydde cymal nesaf y daith!

Diolch i gymorth amhrisiadwy Americanwr (Americanwr defnyddiol yn Ewrop?!) oedd yn rhedeg swyddfa deithio fach yng nghrombil yr orsaf, llwyddodd Geraint i lunio amserlen a bwcio tocyn trên o Berlin i Minsk ac yn ôl am £27 … Bargen.

Wedi dwy awr i gyfeiriad Gwlad Pwyl, rhaid oedd newid trên eto, yn nhref Frankfurt-an-der-Oder, reit ar y ffin rhwng y ddwy wlad. Wrth baratoi i adael yr Almaen yn hwyr ar bnawn Gwener, roedd Ger yn ymwybodol fod 'na lai na phedair awr ar hugain tan y gic gynta, dwy wlad a channoedd o filltiroedd i ffwrdd ym Minsk.

Digon o amser? Digon o amser am 'chydig o hwyl a sbri swreal yng nghwmni swyddogion y tollau. Nid mater o roi llaw yn y bag a rhyw dyrchu diog, naci wir. Yn hytrach, rhaid oedd tynnu'r faner gyfan a'i hagor allan er mwyn busnesa, efo'r Cymro unig yma, oedd yn edrych fel tasa fo heb weld gwely ers dyddia, yn rwdlan mewn cymysgedd annealladwy o Almaeneg a Saesneg am *"ffwtbol … Minsk …Wales … flag … dragon".* Druan o'r Cymro nesa i gwrdd â swyddogion tollau Frankfurt-an-der-Oder!

Cyrraedd Warsaw ychydig wedi hanner nos – diwrnod y gêm fawr – cyn neidio bron yn unionsyth ar drên arall dros nos i Belarws bell. Er fod Geraint wedi bod yn ddigon craff i logi caban am y noson, ac er ei flinder aruthrol, doedd hi ddim yn hawdd cysgu.

Chewch chi fawr o lonydd ar drenau Dwyrain Ewrop. Yn union fel golygfa o ffilm ryfel ddu a gwyn, cnoc ar ddrws y caban, a llais dwfn, sinistr yn yngan *'pasporten'.*

Hanner awr yn ddiweddarach, yr un rigmarôl eto wrth i ddyn arall mewn iwnifform – giard, plismon, milwr, swyddog tollau – fynnu deffro pawb … eto.

Yng nghanol y nos, deffrowyd Geraint unwaith yn rhagor – ond y tro hwn gan andros o sŵn colbio a bangio aflafar. Damwain? Injan 'di torri? Anodd deud, ond ar ôl i'r tawelwch ddychwelyd, symudodd y trên yn ara deg tua Minsk a diwedd y daith. Dim ond tra oedd yn sgwrsio am ei daith efo cefnogwr Cymru ym Minsk y cafodd Geraint wybod beth oedd y synau a'i deffrodd ar y trên. Yn syml, gan fod trenau Belarws yn defnyddio cledrau o led gwahanol i rai Gwlad Pwyl, rhaid oedd stopio'r trên ar y ffin a newid yr olwynion.

Cafodd Geraint weld be'n union sy'n digwydd ar y daith adre. Maen nhw'n datgysylltu'r cerbydau, yna'n eu codi chwe throedfedd oddi ar y ddaear â chraen, tynnu'r uned olwynion a gosod unedau newydd addas. Gyda dwsinau o ddynion mewn capiau pig a mwstáshys unffurf yn brysio'n forgrugaidd o amgylch y trên yng nghanol nos, roedd hi fel tasech chi wedi galw heibio depo 24 awr Kwikfit cynta Gwlad Pwyl.

Wrth fynd ymhellach tua'r dwyrain diarth, roedd Geraint 'di dechrau anesmwytho wrth deimlo'r hen linyn bogail yn cael ei ymestyn. Rhyddhad felly oedd cyrraedd Minsk o'r diwedd am hanner dydd, ond gyda'r gêm yn dechrau am bump, doedd ganddo fawr ddim amser i fwynhau'r ddinas.

Ychydig iawn o gefnogwyr Cymru oedd wedi teithio i Minsk – prin hanner cant – gan fod nifer fawr wedi bod flwyddyn union ynghynt a heb drafferthu yr eilwaith. Ar ôl cymaint o amser ar ei ben ei hun, braf oedd cael eistedd a chael peint o *pivo* mewn tŷ tafarn ar lan afon Svisloch efo ychydig o gefnogwyr Cymru – hyd yn oed os mai tri gyrrwr lorri o Birmingham oeddan nhw. Roedd y tri wedi cael llond bol o ddilyn Lloegr oherwydd ymddygiad eu cefnogwyr, ac wedi penderfynu dilyn Cymru. Ar ôl y gêm hon, roedd y tri am bicio i Vilnius, prifddinas Lithwania, i wylio gêm arall.

Ond yr unig beth ar feddwl Geraint oedd mynd i'r stadiwm. Wedi'r cwbl roedd o ym Minsk, roedd ganddo docyn i'r gêm, ac roedd ganddo faner i'w chodi yndoedd?

Mae gen i ofn mai ofer fu ymdrechion Geraint i godi'r faner. Roedd 'na gannoedd o filwyr yn bresennol ar y maes. Cadw trefn a diogelu cefnogwyr Cymru oedd y bwriad swyddogol dybiwn i, ond ymddengys mai erlid baner Dyffryn Nantlle oedd prif os nad unig wir-bwrpas byw y milwyr arfog y p'nawn hwnnw.

Wedi bron i hanner awr o geisio dwyn perswâd, ymbilio a dadlau – yn yr union drefn yna – gyda hanner byddin Belarws, rhaid oedd eistedd ac efelychu tîm Cymru y diwrnod hwnnw. Hynny yw, rhoi'r ffidil yn y to ymhell cyn diwedd y gêm.

Cymaint oedd y siom, y blinder a'r embaras, bu ond y dim i Geraint roi'r gorau i ddilyn Cymru yn y fan a'r lle. Teimlad cyfarwydd iawn i nifer fawr ohonom reit siŵr. 'Dach chi'n flin efo'r chwaraewyr am eu diffyg ymdrech ond falle'ch bod chi'n casáu eich hunain fwy am fod mor dwp â gwastraffu amser, arian ac angerdd yn teithio i bellafoedd Ewrop … eto.

Ar adegau felly, 'dach chi jyst isho llonydd, distawrwydd a chael camu i mewn i Tardis Doctor Who er mwyn cael cyrraedd adre'n syth bìn. O safbwynt Geraint druan ym Minsk, trên ac nid Tardis fydde'n ei dywys o a'i faner yn ôl i Fangor. Dyna oedd y newyddion drwg. Y newyddion da oedd fod ganddo ddeuddydd a hanner o lonydd a distawrwydd – doedd dim rhaid iddo siarad ag unrhyw un tan ganol wythnos nesa!

****

Rhaid oedd lladd amser nes byddai'r trên yn gadael am Warsaw am hanner nos, a lle gwell i foddi gofidiau na thŷ tafarn? Lle gwaeth i foddi gofidiau na thŷ tafarn llawn pobol oedd yn teimlo'n llawn cynddrwg â chithau?

Ta waeth, dros beint, dechreuodd Geraint sgwrsio â rhyw Sais o Gillingham oedd yn gweithio gyda'r Chernobyl Institute ym Minsk. Rhybuddiodd Geraint fod yr ardal o amgylch yr orsaf drenau yn beryg bywyd yn y nos, cyn ychwanegu fod y gyrwyr tacsis yn arfog a hyd yn oed yn beryclach i dramorwyr ar eu pen eu hunain na rafins y stesion.

Wrth i Geraint ddechrau difaru nad oedd o wedi stwffio pâr o drôns arall i'r sach deithio, eglurodd y Sais mai'r ffordd ora a mwya diogel o gyrraedd y trên oedd i gynnig cildwrn o *roubles* i filwyr fod yn feindars answyddogol iddo am ryw hanner awr.

Ffoniodd y Sais un o'i fêts oedd yn gweithio i'r llywodraeth, cyn dychwelyd at ei beint gan ddeud ei fod o wedi trefnu i Geraint gwrdd â dau filwr yng nghyntedd gwesty gerllaw'r dafarn.

Dwi'n gwybod fod pris bywyd yn eithriadol rad yn rhai o wledydd llai breintiedig y byd, ond dwy fil o *roubles* oedd pris 'achub bywyd' Geraint Tomos y noson honno. Mymryn dros bunt!

Be oeddech chi'n ei gael am bunt felly? Wel … cryn dipyn a deud y gwir – antur swreal, wrth i ddau filwr a'u Kalashnikovs eich tywys chi'n ddiogel o'r gwesty i'r orsaf drenau mewn *'armoured personnel carrier'*.

Nid fod Geraint heb bryderu a chwysu chwartiau ar y daith tacsi anghonfensiynol hon, cofiwch. Wrth i'r cerbyd lithro i lawr sawl stryd gefn dywyll, anodd oedd anwybyddu'r llais yn ei feddwl, oedd yn dweud ei fod o ar ei ben ei hun bach, yng nghwmni dau filwr arfog oedd yn meddwl fod punt yn lot o bres, gyda diawl o neb arall yn gwybod lle roedd o!

Ond chwarae teg i'r hogia clên, doedd dim sail i'w bryderon. Cafodd antur a hanner ar hyd strydoedd Minsk cyn brasgamu'n hyderus drwy'r orsaf drenau at ei drên. Cystal oedd y gwasanaeth, arhosodd y milwyr gyda Geraint tan i'r trên gychwyn ar ei daith.

A gyda'r giard yn edrych 'mlaen at archwilio'r 'pasporten' am weddill y nos, wele fersiwn post-fodern o *Brief Encounter*, wrth i'r milwyr arfog ffarwelio â gŵr estron, di-enw a hael, oedd wedi rhoi mwy na phunt iddyn nhw fynd ag o adre!

****

Wedi chwe niwrnod o deithio, roedd Geraint wedi treulio deuddeng awr ym Minsk yn gwylio awr a hanner o bêl-droed sobor o wael, tra bod baner Dyffryn Nantlle wedi gweld mwy o olau dydd yng ngorsaf drenau Frankfurt-an-der-Oder nag yn Belarws. I fynd 'nôl at y tomatos 'na, mae hi'n hawdd bod yn ddoeth wrth edrych yn ôl!

Hwyl â Helmed Ond Tranc â Thanc

Cynnig ei wasanaeth: Gwilym wrth ddesg Swissair

Er fod Gwil 'di cael rhybudd diflewyn-ar-dafod gan Non i beidio meiddio llusgo mwy o blydi rybish adra gydag o, roedd hi'n amlwg nad oedd wedi gwrando ar gyngor ei wraig. Un ai hynny, neu ei fod o'n wirioneddol gredu fod 'na le ar silff ben tân i helmed peilot awyren ymladd MIG Sofietaidd!

Petai ganddo MIG 'di 'i barcio tu allan i'w dŷ yn Cathays, baswn yn ddigon bodlon derbyn ei fod o wedi cael bargen, ond tydw i ddim yn derbyn fod angen hen helmed hanner can doler i yrru Peugeot 306 rownd Caerdydd.

Wedi dweud hynny, cafwyd gwerth hanner can doler a mwy o hwyl efo'r helmed yn ystod ein hymweliad â Kiev yn 2001. Welais i 'rioed y fath farchnad â honno ger eglwys uniongred enwoca'r brifddinas. Roedd hi fel sêl cist car yn RAF Valley – medalau, iwnifformau, helmedau a fflasgiau poced Sofietaidd rif y gwlith, heb sôn am bob math o geriach milwrol arall.

Sylly'n syn nath y mwyafrif helaeth o'r Wcrainiaid pan welsant sgwadron o gefnogwyr Cymru yn gorymdeithio i lawr y stryd tuag at y Stadiwm Cenedlaethol. Ond, fel rhai sy'n edrych i'r gorllewin am arweiniad, synnwn i ddim petai'r darpar-hwliganiaid lleol yn wir gredu mai dyma'r ffasiwn ddiweddara ar derasau pêl-droed Cymru. Stone Island a Burberry i Loegr. Helmed MIG, capiau hedfan a *goggles* Biggles i'r Cymry!

Parodd yr hwyl cyn belled â'r siwrne adra. Fu ddim rhaid i'r hogia feddwl ddwywaith cyn ymateb pan gyhoeddwyd ... *"The Zurich to London Heathrow has been delayed due to the late arrival of the flight crew from another destination."* Neidiodd yr arch-arwyr Cymreig i'r adwy drwy wisgo'r amryw helmedau, capiau a *goggles* hedfan cyn camu'n hunanhyderus at ddesg Swissair ... a chynnig eu gwasanaeth i hedfan pawb i Lundain yn ddiogel!

Llwyddodd Gwilym i osgoi pryd o dafod gan Non yn ogystal ag ymweliad â sgip gymunedol Cathays, diolch i obsesiwn Mike Bailey o Landudno efo hen greiriau milwrol Sofietaidd – obsesiwn a achubodd groen Gwilym, ond un ddaeth yn agos at weld croen Mike ar y parad yn Azerbaijan lai na deunaw mis yn ddiweddarach.

Soniodd ffrindiau yng Ngwesty'r Absheron eu bod wedi ymweld â cherfweithiau craig ar gyrion Baku, a'u bod nhw wedi pasio mynwent tanciau ar y ffordd. Yn naturiol, roedd Mike wedi ei fachu'n llwyr.

Y peth cynta darodd Mike pan gyrhaeddodd safle'r fynwent oedd fod y cant a mwy o danciau yn edrych yn rhyfeddol iach a modern o ystyried eu bod mewn mynwent. Yr ail beth iddo sylwi arno oedd yr arwydd yn datgan ardal waharddedig mewn sawl iaith. A'r trydydd peth i hoelio'i sylw oedd y gynnau yn pwyntio ato!

Ar ôl cael eu tywys i weld uwch-swyddog go bwysig yr olwg yn y pencadlys milwrol, roedd ymddygiad cynhyrfus, ar bigau'r drain hwnnw'n rhyw led-awgrymu fod Mike a'r criw mewn picil go-iawn. Roedd Mike yn methu'n glir â chael hanes y gwylwyr awyrennau Prydeinig fu dan glo am gyfnod yng Ngwlad Groeg o'i feddwl wrth wynebu llond trol o gwestiynau mewn cymysgedd mwngral bob yn ail o Saesneg a Rwseg. Roedd hi fel tasa'r milwr yn gobeithio y bydde Mike yn baglu drwy ateb un o'r cwestiynau Rwseg gan adael rhyw gath allan o'r cwd cudd. Ond wrth i'r gŵr mewn iwnifform chwysu chwartiau a dal ei ben yn ei ddwylo, ceisiodd Mike ei ddarbwyllo mai camsyniad diniwed oedd y cyfan.

Nid ysbiwyr o Rwsia oeddan nhw siŵr iawn, ond twristiaid o Gymru oedd yn hoffi fodca, pêl-droed a … hen danciau Rwsiaidd! Grêt! Pawb yn dallt felly? Wel na, dim cweit. Doedd presenoldeb stampiau gwledydd fel Belarws, yr Wcráin ac yn enwedig y cymydog gelyniaethus a rhyfelgar hwnnw, Armenia, ym mhasbort Mike yn fawr o hwb i hygrededd ei stori.

Cawsant eu rhyddhau yn y diwedd gyda phryd go-iawn o dafod milwriaethol cyn neidio i mewn i'r tacsi yn ôl i ddiogelwch strydoedd Baku. 'Mond diolch i'r drefn fod Mike wedi gadael ei helmed yn Llandudno!

NEIL DYMOCK

Manylion personol

Enw:	Neil Dymock
Dyddiad geni:	Mai 4ydd 1971
Man geni:	Llanelli
Cartref:	Bryste
Taldra:	5 troedfedd, 8 modfedd
Pwysau:	Yn amrywio'n arw
Statws priodasol:	Nag oes
Swydd:	Gwas sifil yn y Weinyddiaeth Amddiffyn
Cymwysterau:	Gradd BSc yn y Gwyddorau Amgylcheddol. Diploma mewn Gweinyddiaeth Busnes. Aelod o'r 'Chartered Institute of Purchasing and Supply'.

Hoff bethau?

Bwyd:	Pasta
Diod:	Fodca
Cerddoriaeth:	Stereophonics
Ffilm:	*Braveheart / Born on the Fourth of July*
Tîm pêl-droed:	Cymru dan 14, dan 16, dan 17, dan 19, dan 21 a'r prif dîm, wrth gwrs!
Anifail:	Draig
Gwlad:	Cymru a Brasil

Hoff siant bêl-droed?
'Gwŷr Harlech'

Hoff atgof?
Gôl Craig Bellamy yn erbyn Denmarc yn 1998

Gêm gynta oddi cartre?
Tachwedd 1990 yn Lwcsembwrg. Cymru'n ennill o gôl i ddim.

Ofergoelion?
Byth yn gwylio gêm oddi cartre'n sobor.

Cas chwaraewr?
Owen Hargreaves – am ddefnyddio Cymru i ddatblygu ei yrfa.

Pa gyngor byddech chi'n ei roi i chwaraewyr Cymru?
Peidiwch mynd am beint efo'r cefnogwyr – fyddwch chi byth yn ôl yn y gwesty cyn y cyrffiw.

Obsesiwn

Roedd Neil Dymock wedi bwriadu dal bws o Rio de Janeiro i Brasilia, ond pan sylweddolodd fod hynny'n golygu taith chwilboeth ddeunaw awr ar fws llawn ieir mewn caetshys, penderfynodd mai doethach o beth uffar fydde hedfan yno. Gan mai dim ond un sedd wag oedd yn weddill ar y ffleit, bu'n rhaid iddo ddewis rhwng tolc hegar arall ar ei gerdyn credyd am docyn drud, neu fentro ar y Traws Amazonia.

Tri chan punt yn dlotach, eisteddai Neil yn esmwythder ei sedd ddosbarth cyntaf gan fwynhau gwydraid o gwrw perffaith oer. Roedd y dyn drws nesa iddo yn sipian dŵr. Rŵan, mae Neil y math o foi fasa'n dechrau sgwrs efo mynach Trapaidd pe bai'n meddwl am eiliad fod gan hwnnw ddiddordeb mewn pêl-droed. Fawr o syndod ei fod o wedi dechrau mwydro pen ei gymydog cyn i griw yr awyren orffen dangos be ddylsen nhw wneud tasan nhw'n digwydd plymio i'r ddaear o ddeng mil ar hugain o droedfeddi.

"*I lle ti'n mynd?*" oedd cwestiwn agoriadol Neil.

"*Brasilia,*" oedd ateb amlwg y dyn, gan ei fod ar ffleit i Brasilia.

"*Be ti'n neud yno? Gweithio?*" holodd Neil yn glên.

"*Gêm ffwtbol,*" atebodd ynte ar ôl cymryd swig o'i ddŵr.

"*Duw, dwi'n mynd yna i wylio gêm ffwtbol,*" medd y Cymro cyn ychwanegu, "*I bwy ti'n chwarae, felly?*"

"*Brasil,*" medd y Brasiliad.

"*Blydi hel, Neil, sut ti'n nabod hwnna?*" oedd ymateb anghrediniol John Perrett, pan gododd y Brasiliad ei law i gyfarch Neil yng nghyntedd gwesty carfan Brasil ar fore'r gêm.

"*Mi o'n i'n ista efo fo ar y plên o Rio,*" medde Neil fel tasa fo'n hen law ar hedfan dosbarth cynta efo chwaraewyr pêl-droed rhyngwladol.

"*Ti'n gwbod pwy 'di o, 'dwyt?*" holodd John ymhellach.

"*Rhyw chwaraewr Brasil medda fo,*" atebodd Neil yn gwbl ddi-gynnwrf.

"*Pa un 'ta?*" oedd cwestiwn nesa John Perrett.

"*Duw, dwn i'm,*" medda Neil yn swta.

"*Iesgob annwyl, Neil, blydi Rivaldo ydi hwnna!*"

****

Falle ei bod hi'n syndod fod ffan pêl-droed heb adnabod chwaraewr dryta'r byd ar y pryd ond tydy Neil Dymock ddim yn ffan cyffredin. Bill Shankly ddudodd mai dim ond dau dîm oedd yn ninas Lerpwl, sef '*Liverpool and Liverpool Reserves*'. Wel, dyw byd Neil ddim mor eang â hynny beryg. 'Mond un tîm sy'n cyfri ym mydysawd y llanc o Lanelli ... Cymru sy bia hi bob tro.

Tydy Neil ddim yn cefnogi unrhyw 'glwb' pêl-droed gan ei bod yn well ganddo ddilyn a gwylio timau pêl-droed cenedlaethol Cymru. Nid 'mond yr Hartsons, y Giggs' a'r Gabbidons cofiwch, ond pob lefel posib. Yn ogystal â gwylio pob gêm y tîm llawn a'r tîm dan un ar hugain yn 2003, fasach chi wedi gallu gweld Neil yn cefnogi'r tîm dan bedair ar bymtheg yng nghystadleuaeth y

Neil a Ryan Giggs ym maes awyr Stansted – cyn yr helynt

Milk Cup yng Ngogledd Iwerddon a'r tîm dan ddwy ar bymtheg mewn cystadleuaeth UEFA yn Sbaen. Cymaint yw angerdd cenedlaethol y creadur, teithiodd i Graz yn Awstria yn ystod yr haf er mwyn cefnogi tîm o Gymry digartre yng nghystadleuaeth Cwpan y Byd i'r digartre. Roedd hynny ychydig wythnosau ar ôl dychwelyd o Helsinki pan fu'n gwylio'r Ffindir yn rhoi cweir go-iawn i Serbia a Montenegro yn un o'r gêmau rhagbrofol yng ngrŵp Cymru.

Does gan Neil ddim amser i ddilyn tîm o wythnos i wythnos. A deud y gwir, mae hi'n anodd deall sut mae o'n cael amser i ennill ei fara menyn fel Swyddog Prosiectau i'r Weinyddiaeth Amddiffyn ym Mryste, gan ei fod o'n llenwi pob eiliad o'i fywyd yn dechrau, ac weithiau hyd yn oed yn cwblhau, cyfres o brosiectau eraill. Pan nad yw'n golygu, cynhyrchu a chyhoeddi cylchgrawn poblogaidd cefnogwyr Cymru, *The Dragon Has Landed,* neu'n trefnu teithiau cefnogwyr i lefydd fel Azerbaijan a Serbia, mae o'n cerdded yn yr Andes neu'n rhedeg marathonau er mwyn codi arian at achosion da. Yn ogystal, mae Neil yn un o sylfaenwyr ac yn ysgrifennydd ymgyrch elusennol cefnogwyr Cymru, apêl Gôl, sydd wedi ennill enw da i Gymru a'r Cymry yn Baku a Belgrâd yn ystod rowndiau rhagbrofol Ewro 2004. Ac os oes ganddo eiliad sbâr, wel does dim yn well ganddo na threfnu gemau pêl-droed cyfeillgar dramor er mwyn dangos i drigolion dinasoedd diarth pam mai cefnogi, ac nid chwarae, ffwtbol mae trwch y Cymry teithiol.

Neil gyda rhai o blant y cartre ym Melgrâd

Os ydi'r ffin rhwng ffanatigiaeth a gwallgofrwydd yn un denau gythreulig, mae Neil Dymock yn un o'r bobl rheini sy'n troedio'n uffernol o agos at y dibyn. Pan ohiriwyd y gêm wreiddiol yn erbyn Serbia a Montenegro ym mis Ebrill 2003 oherwydd llofruddiaeth Prif Weinidog y wlad, roedd cwmni teithio Neil wedi cynnig ad-daliad llawn neu aildrefnu'r daith. Roedd hynny'n rhy syml o lawer i Neil Dymock, wrth gwrs. Penderfynodd fynd, doed a ddelo, er mwyn cael ymweld â chartre plant amddifad, cael chwarae gêm yn erbyn criw o gefnogwyr Serbaidd a chael sesh fodca rhad efo hogiau'r Bala. Nath o ddim gweld gêm bryd hynny wrth gwrs, ond dyw methu pethau 'rioed wedi bod yn brofiad dieithr i Neil Dymock. Mae o'n feistr corn ar fethu goliau, methu gêmau a methu awyrennau.

****

Dwi'n siŵr y bydde Neil 'di gwirioni gweld Mark Pembridge yn sgorio yn erbyn yr Wcráin yn Kiev ym mis Mehefin 2001. Mi fasa fo wedi gweld cynnig y pengoch o bellter tasa fo, Neil hynny yw, heb benderfynu torri'i syched hanner amser. Gwyliodd Neil, Perry a Gags o Gaernarfon ail hanner cyfan drwy waelod potiau peint mewn bar tu ôl i'r eisteddle. A bod yn gwbl onest, roedd hi'n amhosib gwylio rhyw lawer o'r gêm o'u hafan alcoholaidd. Doedd yna ddim modd gweld unrhyw beth ond y cylch canol o'r bar. 'Mond pan welodd Neil gwpwl o Wcrainiaid yn sefyll ochr yn ochr yn y cylch canol nath o ddechrau amau fod Cymru, falle, wedi sgorio!

****

"Take us to the football, mate," oedd cais digon rhesymol Tiny, wrth iddo fo, Tim Gwyer a Neil neidio i gefn tacsi tu allan i'r Sheraton Doha – gwesty anfoesol foethus carfan Cymru – rhyw awr dda cyn cic gynta'r gêm gyfeillgar yn erbyn Qatar ym mis Chwefror 2000. A chyn bo hir roeddan nhw'n agosáu at lifoleuadau llachar homar o stadiwm ar gyrion y ddinas. Homar o stadiwm yn wir, ond homar o stadiwm anghywir! Oedd, roedd y llifoleuadau yn disgleirio, ac oedd, roedd yna gêm yn cael ei chynnal yn y stadiwm … rhwng plant!

Dwi'n siŵr mai neidio yn ôl i mewn i'r tacsi a gofyn i'r gyrrwr chwilio am y stadiwm gywir oedd bwriad y tri ohonynt. Hynny yw, tan iddynt sylweddoli fod y tacsi 'di dychwelyd am byntars breintiedig y Sheraton. Haws cael tacsi tu allan i westy moethus na stadiwm bêl-droed yng nghanol nunlle. Gymrodd hi hanner awr cyn i dacsi gwag ddigwydd pasio, a doedd hi fawr o syndod fod yr hogiau'n hwyr yn cyrraedd stadiwm oedd wedi gweld John Robinson yn sgorio i Gymru lai na phum munud yn gynharach.

"Hidiwch befo, hogia. Gawn ni lond trol o goliau heno," oedd geiriau cysurus Tim Gwyer.

A'r sgôr terfynol? Qatar dim, Cymru un!

Daeth unig uchafbwynt y noson wedi'r gêm. Ar daith fu mor hesb o ran goliau a thacsis, cafodd Neil a'r hogiau lifft yn ôl i'w gwesty gan neb llai na'r dyfarnwr a'i gynorthwywyr mewn jîp newydd sbon. Trueni nad oeddan nhw wedi cael cynnig tebyg rhyw deirawr ynghynt!

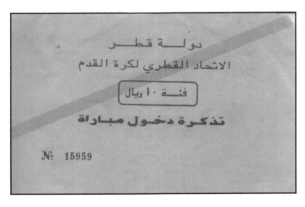

Tocyn neu wahoddiad priodas?!

Profodd Qatar yn daith hunllefus braidd i Neil gan iddo fethu unig gôl y gêm a chael andros o ffrae efo Mark Hughes a Mark Bowen yn y gwesty. Roedd Neil yn dadlau'n ffyrnig efo Tony Clemo, trefnydd teithiau'r Gymdeithas Bêl-droed,

pan ymyrrodd Sparky yn y cecru geiriol gan awgrymu nad fan hyn oedd y lle iawn i gynnal y fath ddadl. Roedd Neil wedi colli ei limpin yn llwyr erbyn hyn, a throdd at Mark Hughes gan boeri *"It's got fuck all to do with you"* haerllug at reolwr Cymru. Cafodd ei ddirprwy, Mark Bowen, gyfarchiad mwy piws fyth pan geisiodd hwnnw gymodi, a bu'n rhaid i bobl lusgo Neil yn ôl i heddwch y cabaret Philipinaidd cyn iddi fynd yn hyll.

I'r rhai ohonoch fydd yn barod i feirniadu Neil am roi pryd o dafod blagarllyd i Hughes a Bowen, hoffwn ofyn i chi ddarllen hanes ei daith i Belarws cyn pasio'ch dedfryd ar rywun sy'n 'byw' Cymru 24-7-365.

"TAFF LUCK – YOU'RE OFF THE PLANE"

… medd pennawd tudalen ôl y *Daily Mirror* ym mis Medi 1999. Cafodd carfan fechan o gefnogwyr mwya pybyr Cymru eu trin fel baw pan wrthodwyd iddynt hedfan i Minsk oherwydd fod yr awyren yn pwyso gormod.

Yn wreiddiol, roedd Neil a'r hogiau am hedfan i Minsk gyda Lufthansa, ond roedd y cwmni awyrennau Almaenig wedi canslo'r ffleit ar fyr rybudd.

Bu'n rhaid i Neil a gweddill y cefnogwyr fwcio felly gyda Red Arrow Travel o Gaerdydd, sef y cwmni oedd, a sydd hyd heddiw, yn trefnu holl deithiau Cymdeithas Bêl-droed Cymru. Golyga hyn hedfan yn unionsyth o Stansted i Minsk efo'r garfan, swyddogion y Gymdeithas ac aelodau o'r wasg Gymreig a Phrydeinig. Handi iawn … ar bapur!

Roedd pawb mewn hwyliau da erbyn cyrraedd Stansted ben bore Iau, ac yn edrych 'mlaen at dridiau o ddanteithion Belarws. Aeth pethau o chwith pan ddaeth Tony Clemo, perchennog cwmni Red Arrow, atynt yn y bar, a gofyn a fydde ots ganddynt aros ar ôl yn y maes awyr gan fod yna broblem efo pwysau'r awyren. Roedd hynny'n ddigon i anesmwytho rhai o'r cefnogwyr, ond roedd y lleill yn credu mai jôc oedd y cyfan. Hynny yw, tan i un ohonynt fynd i'r tŷ bach a digwydd clywed un chwaraewr yn deud wrth un arall, *"They're dumping the fans."* Disgrifiad a lleoliad addas os oedden nhw'n barod i drin y ffans fel cachu 'dê?

Cynyddodd yr ansicrwydd pan gafodd y garfan a gweddill y teithwyr eu hebrwng o'r golwg i stafell breifat. Yn sydyn, sylweddolodd un o'r ffans fod y chwaraewyr yn dechrau bordio'r awyren …

Aeth hi'n flêr braidd wedyn wrth i'r cefnogwyr ruthro i lawr at y giât ymadael a mynnu eu bod nhw'n cael bordio'r ffleit hefyd. Cafwyd dwyawr a mwy o weiddi croch, chwifio tocynnau a boarding passes a bygythiadau cyfreithiol a chorfforol wrth i'r cefnogwyr geisio rhwystro'r chwaraewyr, swyddogion y Gymdeithas Bêl-droed ac aelodau'r wasg rhag camu ar yr awyren. Dechreuodd un o'r cefnogwyr weiddi ar Ryan Giggs, gan honni fod ganddo fo, fel cefnogwr rheolaidd, fwy o hawl bod ar yr awyren na'r asgellwr chwith achlysurol. Yna, mwy o siarad gwag, wrth i swyddogion y Gymdeithas Bêl-droed fygwth gohirio'r gêm ym Minsk oni bai bod y cefnogwyr anfodlon yn cytuno i aros ar ôl yn Stansted.

Fe brofodd hi'n anodd i Neil a'r criw drafod egwyddorion yng nghwmni pobol mor anegwyddorol, ond roeddan nhw mewn picil go-iawn. Ymddengys fod carfan Cymru wedi llwytho cymaint o offer pêl-droed, poteli dŵr a bwyd iddynt hwy eu hunain, fel bod yr awyren yn pwyso gormod ac roedd yn rhaid cael gwared o rywbeth.

Beth am aelodau Cymdeithas Bêl-droed Cymru 'ta? Siawns fydde ambell un o'r rhain wedi gallu byw heb ddiwrnod o fywyd bras ar goffrau'r Gymdeithas er mwyn rhoi sedd i un o'r ychydig rai oedd wedi talu am eu tocyn. Nefar in Iwrop gwd boi! Yn hanesyddol, mae aelodau Cymdeithas Bêl-droed Cymru wedi profi ei bod yn well ganddynt weld Cymru'n teithio dramor ddyn yn brin, yn hytrach nag ystyried cyfnewid sedd ar ffleit lawn efo chwaraewyr rhyngwladol. Carfan wannach na'r disgwyl ar y cae yn dderbyniol, ond cwota llawn o flazers i gynrychioli Cymru, ein gwlad, yn gwbl hanfodol siŵr iawn!

Yn y diwedd, galwyd swyddogion diogelwch y maes awyr ac fe gafodd yr awyren adael am Minsk – heb Neil a gweddill y cefnogwyr. Ac yn fwy damniol falle, heb un sill o ymddiheuriad o enau Cymdeithas Bêl-droed Cymru na Tony Clemo.

Hwyl 'dê? Bwcio trip tridiau drud, a threulio'r rhan fwyaf o'r diwrnod cyntaf yn edrych ar awyrennau eraill yn mynd a dod yn Stansted. Ac achos dathlu mawr oedd cael hawl i bryd o fwyd a diod hyd at werth deg punt yng nghaffi'r maes awyr!

Roeddan nhw i fod i adael Stansted am un ar ddeg fore Iau. Y realiti oedd gadael am saith yr hwyr, a hynny 'mond cyn belled â Frankfurt, gyda'r bwriad o ddal ffleit gysylltiol i Minsk ar y bore Gwener. Hynny yw, os na fydde hi'n cael ei chanslo dros nos! A hwythau 'mond wedi bwriadu hedfan dros yr Almaen yn wreiddiol, ergyd arall hyfryd oedd darganfod nad oedd eu gwesty yn Frankfurt yn fodlon derbyn eu doleri Americanaidd. Wedi protest, cytunodd rheolwr clên y gwesty y bydde pob un ohonynt yn cael gwario hyd at bum doler ar ddiod yn y gwesty. Nath hi'm gneud noson hwyr!

Fe gyrhaeddon nhw Minsk bedair awr ar hugain yn hwyrach na'r disgwyl, a llai na phedair awr ar hugain cyn y gic gynta. Er iddynt gael hwyl yno, a gweld Cymru'n fuddugoliaethus, doedd 'run o'r hogiau'n fodlon anghofio am y profiad, ac fe ddechreuwyd llythyru â'r wasg, Red Arrow Travel a'r Gymdeithas Bêl-droed i fynnu ymddiheuriad a iawndal am ddifetha'u gwyliau.

Wedi chwe mis o ymgyrchu, doedd Neil, na gweddill yr hogiau, fymryn yn nes at y lan. Doedd yna ddim golwg o sentan na sori o barthau Westgate Street. Fawr o syndod felly fod Neil wedi bachu ar y cyfle i roi ei farn ddiflewyn-ar-dafod i Tony Clemo mewn cyntedd yn Qatar! Wedi blwyddyn o anghydfod a lobïo, daethpwyd i ryw fath o gytundeb, pan dderbyniodd y cefnogwyr gan punt yr un fel iawndal am yr anghyfleuster. Mae 'sori' yn costio mwy mae'n rhaid.

****

Nid dyna'r tro olaf i Neil fod mewn picil wrth ddelio â Belarws. Fedrith o ddim dallt sut ar wyneb daear y llwyddodd o i fethu'r gêm gartre yn erbyn y

Belarwsiaid ym mis Hydref 2001. Roedd Cymru wedi cael rhediad symol iawn yng ngêmau rhagbrofol Cwpan y Byd 2002 tra bo rhediad y tîm dan un ar hugain yn saith gwaeth. Roedd Neil wedi bod yn bresennol ym mhob un o'r pedair gêm ar bymtheg a heb weld 'run fuddugoliaeth gartre nac oddi cartre yn erbyn Norwy, Gwlad Pwyl, Armenia, yr Wcráin a Belarws. Un gêm yn weddill felly wrth i Gymru groesawu Belarws i Stadiwm y Mileniwm, oedd 'mond rhyw drigain mil o bobl yn brin o fod yn llawn.

Roedd Neil wedi bod yn yfed yn y Prince of Wales a'r Borough ar Heol Santes Fair ers cyn cinio. A hynny yng nghwmni Tim Gwyer, Tonto a Sarah Ellis – cefnogwyr Caerdydd a theithwyr cyson gyda Chymru, nad oeddynt yn or-hoff o fynychu'r gêmau cartre. Wel, ar ôl gwylio un deg naw o berfformiadau tila a chanlyniadau siomedig, chymrodd hi fawr o berswâd ar y Neil meddw i beidio trafferthu mynd i'r gêm.

Deffrodd, gyda'i docyn cyfan yn ei boced, yng ngorsaf Weston Super Mare ar ôl disgyn i gysgu ar y trên i Fryste. Roedd hi'n anorfod rywsut fod Cymru 'di ennill yn doedd? Ac i gynyddu'r artaith iddo, rhaid oedd rhannu'r trên llawn yn ôl i Fryste efo ffans Lloegr oedd newydd gipio lle yn Corea a Siapan – diolch i ffliwc funud ola David Beckham yn erbyn Gwlad Groeg!

****

A ninnau wedi ymuno â Neil yng ngwres trofannol Brasilia, lle gwell i ffarwelio â'r corwynt byrlymus? A hithau'n gêm a gafodd ei threfnu ar fyr rybudd, 'mond wyth cefnogwr a deithiodd i wylio Cymru'n herio Brasil yn 1997. Roedd Tut, Tiny, Raspberry, Bowser, Perry, Craig, John Perrett a Neil Dymock yn eistedd yng nghyntedd gwesty Cymru pan gamodd y rheolwr honedig, Bobby Gould, allan o'r lifft.

"Bobby. We don't like you," oedd bwrdwn neges Tut i gyfeiriad Gould.

"It doesn't matter. I've got a two-year contract," oedd ymateb cysetlyd yr athrylith tactegol, cyn cymodi rhywfaint drwy gynnig prynu diod i bawb.

Chwarae teg iddo fo am brynu rownd, ond roedd mwy o le i ddiolch iddo am ddeud wrth y wetar am roi'r diodydd ar Stafell 212 ... Ffarweliodd Bobby Gould â'i ffan clyb jyst cyn hanner nos. Roedd yr hogiau'n dal i yfed wrth iddi ddechrau gwawrio! Ac yn ddigon naturiol am wn i, roedd y wetar wedi bod yn dilyn pob rownd drwy'r nos efo darn o bapur i'w arwyddo. Pen mawr oedd gan Neil drannoeth, ond dim hanner mor fawr â'r bil gafodd Bobby Gould gan y gwesty!

Neil a Tiny yn Croatia

Craith ar Daith

Neith Ianto byth anghofio Serbia, debyg. Nid ei fod o isho cofio – a deud y gwir; roedd o'n hollol despret i anghofio'r daith hyd yn oed cyn i Gymru golli gêm go-iawn am y tro cynta ers oes pys. Ond, oherwydd moment o wallgofrwydd llwyr, mae Ianto wedi sicrhau nad oes ganddo obaith caneri o anghofio'i bedwar diwrnod dan haul crasboeth ganol haf yn Belgrâd.

"Mae o 'di bod yn rêl holiday from hell wa," tuchanodd y bwtshar o'r Bala, wrth iddo ddisgwyl am ei ffleit adra. A chwarae teg, doedd Ianto ddim yn gor-ddeud. Roedden nhw 'di glanio'n hwyr yn Zurich a methu'r ffleit gysylltiol ar y bore Llun, a doedd 'na ddim golwg o fag Ianto pan gyrhaeddon nhw faes awyr Belgrâd. Bu'n rhaid iddo dreulio awr a hanner dda yn sefyll mewn ciw, er mwyn riportio'r bag coll. Roedd hi'n amser cinio dydd Iau, a phrin awr cyn hedfan adra, pan welodd o'i fag a'i ddillad glân nesa!

Doedd o'n fawr o baratoad am daith llawn hwyl a sbri, nad oedd? Ac yn sicr, doedd gweld Cymru'n colli ddim yn help i roi gwên ar wep Ianto. Mwy o halen ar y briw wedyn, wrth i'r tacsi oedd yn mynd â nhw i'r maes awyr gael pyncjar!

Ianto druan! Cymaint o bethau nad oedd ganddo fo unrhyw reolaeth drostynt yn mynd ar gyfeiliorn, ac yn difetha'r daith. Ond wrth wylio'r creadur yn hercian yn gloff tuag at yr awyren, rhaid derbyn fod angen i'r unigolyn gymryd cyfrifoldeb o bryd i'w gilydd hefyd …

Mae 'chydig o gur pen, uffar o syched a diffyg cwsg yn symptomau cyfarwydd iawn ar unrhyw daith bêl-droed, ond roedd yna rywbeth arall yn poeni Ianto pan ddeffrodd o fore'r gêm. Roedd ei goes o'n brifo …

"Dwi 'di gneud ffwc o beth gwirion neithiwr, 'sdi Humph," medd y creadur, gan bwyntio at homar o datŵ ar ei goes. Wrth gwrs, doedd o'm yn unigryw ymysg y cefnogwyr am gael tatŵ, ond anodd credu fod yna Gymro unrhyw le yn y byd hwn nac unrhyw un arall wedi dychwelyd adre efo tatŵ tebyg.

Anghofiwch am ddreigiau coch, arfbais Cymdeithas Bêl-droed Cymru, enwau plant, arwyddion mytholegol Tsieineaidd neu hyd yn oed groesau Celtaidd, roedd Ianto wedi cael tatŵ a hanner. Arfbais Serbia, jyst o dan ei ben-glin, gyda 'SERBIA' wedi ei losgi mewn inc du ar ochr ei goes!

A sut gafodd o'r tatŵ? Wel, trwy niwl o fodca, mae ganddo frith gof o benderfynu gwneud rhywbeth dwl. Roedd ganddo dri dewis yn ôl pob sôn – shafio'i ben, cael 'piercing' neu gael tatŵ – ond er nad oes ganddo glem pwy roddodd y fath dwpdra meddwol ger ei fron, mae'n amau fo ei hun yn fwy na neb arall!

Ond nefi blŵ, pam tatŵ? Wel, gan fod Ianto'n awyddus i beidio rhoi gormod o sylw i'w glustiau Jodrell Banc, penderfynodd wfftio'r syniad o shafio'i ben. Ac roedd o'n teimlo fod rhoi twll mewn teth yn ymylu ar fod yn gadiffanaidd. Tatŵ amdani felly! Ond o leia nath o ddim derbyn cynnig porthor nos eu gwesty i brynu Viagra. Tasa fo 'di cytuno, falle fasa'r creadur 'di deffro i ddarganfod fod ganddo datŵ o 'MONTENEGRO' rywle mymryn mwy disgrît!

DUNCAN JARDINE

Manylion personol

Enw:	Duncan Jardine
Dyddiad geni:	Mai 5ed 1963
Man geni:	Pont-y-pŵl
Cartref:	Y Coed Duon
Statws priodasol:	Byw efo Denise ers deunaw mlynedd
Swydd:	Gwerthwr rhaglenni a memorabilia chwaraeon hunangyflogedig

Hoff bethau?

Bwyd:	Stêc
Diod:	Lager a choffi
Cerddoriaeth:	The Alarm, Stiff Little Fingers, Siouxsie and the Banshees
Tîm pêl-droed:	Newport County
Ffilm:	*The Killing Fields*
Gwlad:	Cymru
Diddordebau:	Cerddoriaeth, pêl-droed, sgio a theithio

Gêm gynta oddi cartre: Yr Alban yn 1980 oedd y gynta allan o Gymru, ond y gynta dros y dŵr oedd Ffrainc yn Toulouse yn 1982.

Cas stadiwm?
Parc Ninian

Pa gyngor byddech chi'n roi i chwaraewyr Cymru?
Chwaraewch o'r galon a gyda digonedd o falchder.

Y peth mwya doniol i chi ei weld ar daith bêl-droed?
Cefnogwr Cymru yn canu 'Doh a Deer' tra oedd yn sefyll ar lwyfan clwb 'pole-dancing' yn Armenia.

Pa berson enwog hoffech chi gwrdd â fo?
Joe Jordan. Er mwyn gofyn unwaith yn rhagor i'r bastad gyfadde mai fo lawiodd y bêl yn Anfield yn 1977. Dwi wedi gofyn iddo ddwywaith eisoes – y tro cynta, fe wadodd y cyfan, ond yr eildro nath o bwdu cyn cerdded i ffwrdd heb ateb.

Y Casglwr

Mistêc cynta Duncan Jardine oedd camu i mewn i'r car du diarth. Yr ail fistêc oedd gofyn i'w bartner, Denise, a oedd hi ffansi mynd am dro i ble bynnag roedd y car mawr sinistr am fynd â nhw. A'r trydydd oedd ceisio agor un o ffenestri tywyll y car er mwyn lleddfu mymryn ar y tymheredd annioddefol. Wedi'r cwbl, be ddiawl 'dach chi i fod i ddeud wrth deip maffia blin pan 'dach chi'n troi ato'n dal handlen ffenast car crand yn eich llaw dde?

Hanner awr yn ddiweddarach, roedd y tri ohonynt wedi cyrraedd stâd ddiwydiannol enfawr ar gyrion y brifddinas. Y newyddion da oedd fod y gyrrwr wedi gadael y goriadau yn y car. Y newyddion llai calonogol oedd ei fod o wedi cyfarth *'Stay!'* hynod bendant, cyn diflannu heibio i'r swyddogion diogelwch arfog i mewn i grombil y stâd.

Ar adegau fel hyn, mae rhywun yn cael cyfle i feddwl yn fwy dwys am bethau. Meddwl ei fod o wedi gneud llanast go-iawn o bethau wnaeth Duncan Jardine tra oedd yn disgwyl i'r sbif mewn siwt ddod yn ôl o'i daith ddirgel.

****

Roedd Duncan wedi dechrau casglu rhaglenni pêl-droed yn ei arddegau cynnar – y cyfnod allweddol hwnnw yn yr ysgol cyn darganfod y pleserau a'r peryglon sy ynghlwm â mopio efo merched a cherddoriaeth. Dechreuodd yr hobi diniwed droi'n sylfaen i weddill ei fywyd pan oedd o'n gweithio fel clerc cyfrifon gyda Dur Prydain yn Llanwern. Gwariodd gyflog mis ar focs llawn rhaglenni gan ryw foi o Abertawe.

Mae o wedi llwyddo i gael gafael ar bob rhaglen Cymru, gartre ac oddi cartre, ers diwedd yr Ail Ryfel Byd, ond ei fod o'n brin o hanner dwsin o raglenni cartre a rhyw ddwsin o rai oddi cartre Casnewydd yn yr un cyfnod. Ond mae'r casglwr tanbaid wastad yn prysuro i egluro mai dim ond tair o'r rheiny oedd yn gêmau cynghrair!

Yn raddol, trodd y llafur cariad yn hobi gneud pres poced, cyn troi'n ffordd o fyw yn 2002, pan sefydlodd Duncan ei fusnes ei hun fel prynwr a gwerthwr rhaglenni llawn amser. Yn naturiol, rhoddai hyn fwy o ryddid iddo – yn fòs arno'i hun ac yn gweithio o gartre – ond os am gynnal safon byw a pharhau i deithio i wylio Casnewydd a Chymru, roedd yna orfodaeth arno i gael gafael ar ddeunydd mae pobol yn fodlon talu arian da amdano.

Ac fel un o hoelion wyth dilynwyr tîm cenedlaethol Cymru ers dros ugain mlynedd bellach, mae'r pwysau arno i gael gafael ar gyflenwad dibynadwy o raglenni gêmau Cymru wedi cynyddu'n arw. Erstalwm, roedd hi'n hawdd diwallu anghenion llond llaw o ffrindiau a chysylltiadau, ond heddiw, tydi cael gafael ar lond dwrn o raglenni o Qatar neu Azerbaijan ddim yn hanner digon. Bellach mae Duncan wedi meithrin galw am o leia hanner cant o raglenni gan gwsmeriaid rheolaidd hyd yn oed cyn camu ar dir estron.

Gellir cael pris da am raglenni rhyngwladol o dramor, yn bennaf oherwydd eu bod yn bethau mor brin. Yn amlach na pheidio, 'mond ychydig gannoedd o raglenni ar gyfer y byddigions a'r wasg gaiff eu hargraffu. Pur anaml y gwelwch chi unrhyw werthiant cyhoeddus i'r fath gyhoeddiadau. Sydd, wrth gwrs, yn golygu fod yn rhaid i Duncan neud ei waith cartre'n drwyadl os ydyw am weld ei fusnes yn ffynnu. Abwyd diamheuol, sy'n esbonio falle pam ei fod o a Denise wedi treulio amser digon pryderus yn eistedd mewn car mawr du tu allan i warws ar gyrion Baku.

****

Er ei fod o'n gryn feistr yn ei faes, doedd Duncan 'rioed wedi gweld rhaglen bêl-droed o Azerbaijan o'r blaen. Ond, ac ynta'n gwybod fod yna alw amdanynt 'nôl adre, dyma yrru e-bost digon anffurfiol at Gymdeithas Bêl-droed Azerbaijan yn pysgota am wybodaeth. Mawr oedd ei ryddhad pan dderbyniodd ateb cwrtais yn cadarnhau eu bod yn bwriadu cyhoeddi rhaglen ar gyfer y gêm yn erbyn Cymru. Gwell fyth oedd y frawddeg yn datgan fod modd iddo gael cyflenwad.

Doedd yr e-bost nesa ddim cweit mor gwrtais. Un frawddeg gwta yn deud:

"When you get to Azerbaijan, ring me."

Yn amlwg roedd y cyfaill o'r gymdeithas bêl-droed wedi cam-ddallt bwrdwn neges wreiddiol y casglwr proffesiynol. Dywedodd wrth Duncan am beidio â phoeni gan y byddai'n gwneud yn siŵr fod y Cymro'n cael rhaglen. Roedd o ar ganol deud wrth Duncan am gasglu'r rhaglen yn y gêm rhwng y timau dan 21 y pnawn hwnnw, pan dorrodd y Cymro ar ei draws:

"No, no, no. I don't want one. I need a hundred," medd Duncan yn llawn braw.

'Mond bryd hynny y sylweddolodd yr Azeri ar ben arall y ffôn fod y Cymro eisiau prynu rhaglenni yn hytrach na jyst cael gafael ar un i'r casgliad yn ei barlwr ffrynt yn y Coed Duon. Am yr eildro yn y berthynas, trodd y sgwrsio cwrtais yn swta wrth iddo orchymyn Duncan i ddod i'w swyddfa yn syth bìn neu fe fydde hi'n rhy hwyr.

Haws deud na gneud, mewn gwlad fel Azerbaijan. Tydy brysio'n anghyfrifol o gyflym ddim yn broblem o gwbl i yrwyr tacsi Baku. Y broblem yw nad oes ganddyn nhw glem lle mae unrhyw le. Dyw cael cyfeiriad yn helpu dim arnoch chi gan nad yw cyfeiriadau cywir yn cyfri yn Azerbaijan.

'Mond trwy hap, damwain a chymorth y dyn ar y drws yn yr Azeri Chess Club y llwyddon nhw i gyrraedd y swyddfeydd cyn i holl gynlluniau busnes Duncan fynd yn ffliwt.

Ar ôl gofyn am y gŵr cyswllt a dangos yr ohebiaeth electroneg, cafodd y cwpwl o Gymru eu tywys i lawr coridor eithriadol dywyll at swyddfa lle roedd dyn mewn siwt yn sgwrsio gyda ffotograffydd. Cafodd wared o ddyn y lluniau yn gwbl ddiseremoni pan welodd o 'i westeion newydd. Ac ar ôl ysgwyd llaw â Duncan a Denise, sibrydodd yn llechwraidd ... *"Come with me now,"* cyn agor drws cefn yn yr adeilad, oedd yn arwain at iard, a char mawr du ...

****

'Mond am ryw ugain munud y diflannodd y sbif mewn siwt, ond roedd hi'n teimlo'n cymaint hirach na hynny i Denise a Duncan druan, oedd wedi dechrau difaru prynu'r bocs o raglenni yn Abertawe ugain mlynedd yn gynharach.

Roedd yna olwg eitha nerfus ar y dyn pan ddaeth yn ôl i'r car. Ond o leia roedd ganddo fwndel wedi'i lapio mewn papur brown yn ei freichiau. Newyddion da meddyliodd Duncan – rhaglenni. Newyddion drwg meddyliodd Denise – offer arteithio mileinig.

Eisteddodd y gwerthwr rhaglenni/arteithiwr yn y car a dechrau rhwygo'r papur brown a dangos copi o raglen sgleiniog newydd sbon i Duncan.

"I want hundred," medd hwnnw eto fel hen diwn gron, ond y tro hwn yn ceisio cymodi drwy ddefnyddio iaith mymryn yn fwy bratiog. Roedd Duncan wedi amau mai cyhoeddiad VIP yn unig fydde'r rhaglen, ond wrth weld y parsal o raglenni o'u blaenau, sylweddolodd yn sydyn mai dyma'r argraffiad cyfan ar gyfer y gêm drannoeth. Jacpot!

Roedd gan Duncan chwe chan doler yn ei boced, ond roedd yr Azeri fymryn yn fwy uchelgeisiol. A barus. Sgwennodd amcan bris ar sgrap o bapur brown. Mam bach! Roedd o eisiau wyth mil o ddoleri am y parsal cyfan!

Tydy hi ddim yn hawdd bargeinio pan 'dach chi'n stỳc yng nghanol nunlle mewn gwlad gwbl ddiarth efo dyn oedd yn credu fod defnyddio un sill fymryn yn or-siaradus, ond profodd Duncan ei fod o'n dipyn o giamstar ar y busnes haglo 'ma. Llwyddodd i gael cant o'r rhaglenni prin am bum can doler. Ac yn well fyth, llwyddodd i gael ugain copi yn rhad ac am ddim wrth i'r gwerthwr dwy a dima gamgyfrif.

Roedd y dyn o'r Gymdeithas Bêl-droed wedi bod yn nerfus iawn ers cwrdd yn ei swyddfa, ond roedd o wirioneddol ar bigau'r drain pan ddath hi'n amser cyfri'r arian a chyfnewid y nwyddau. Yn amlwg, doedd masnachu o gefn car ddim yn rhan o swydd-ddisgrifiad ffurfiol y creadur. Mewn gwlad lle mae pawb yn chwilio am gildwrn, doedd hi 'mond yn naturiol fod hwn 'di gweld anghenion anarferol Duncan fel cyfle iddo fachu *'backhander'* go handi.

Fawr o syndod felly mai *"Niet. We go Hotel Absheron"* oedd ateb pendant swyddog llwgr Cymdeithas Bêl-droed Azerbaijan i gais Duncan i fynd yn ôl i'r swyddfeydd er mwyn chwilio am boster swyddogol y gêm. Sgrialodd yn ôl am westy'r Cymry fel dyn o'i gof, er basach chi'n meddwl y bydde taith ara deg wedi rhoi mwy o amser iddo feddwl am esgus call i'w roi gerbron pwysigion BBC Cymru a Fleet Street y noson ganlynol am y diffyg deunydd darllen!

****

Os yw Duncan yn wyneb cyfarwydd ymysg y cefnogwyr teithiol, felly hefyd ei bartner ers deunaw mlynedd, Denise, ynghyd â'u merch hithau, Stacey. Dechreuodd Denise gyd-deithio gyda Duncan dramor yn 1986 – buddugoliaeth yn Nulyn yng ngêm gynta Jack Charlton wrth lyw'r Weriniaeth – ac o fewn dwy flynedd roedd Stacey, er 'mond yn dair oed, 'di ymuno â nhw ar grwydr i ynys Melita. Ac eithrio'r cyfnod pan oedd hi'n eistedd arholiadau TGAU a'r un tro anffodus hwnnw pan fu raid iddi fynd ar drip ysgol yn hytrach na mynd i weld y cochion yn Dusseldorf, mae Stacey wedi bod ym mhobman yn cefnogi Cymru efo Duncan a Denise.

Ond dwi'n amau fod y rowndiau rhagbrofol diweddar wedi gweld diwedd cyfnod i Duncan a'i deulu bach. Digwyddodd tri pheth allweddol a deud y gwir – dechreuodd Stacey weithio, daeth o hyd i gariad go-iawn am y tro cynta, ac yn fwy arwyddocaol falle, dathlodd ei phen-blwydd yn ddeunaw oed. O hyn allan, roedd disgwyl iddi dalu am ei theithiau ei hun.

Fyddai'r rhan fwya o'r teithwyr selog byth bythoedd yn mwynhau'r tripiau tramor yng nghwmni eu cymar. Yn wir, i nifer ohonom, un o atyniadau'r teithiau yw cael brêc o'r teulu a phwysau gwaith. Nid felly i Duncan Jardine. Rhwng y dyletswyddau teuluol a gofynion casglu rhaglenni a ballu, mae yna dipyn o faich ariannol ac emosiynol wedi disgyn ar boced a sgwyddau Duncan dybiwn i. Nid ei fod o'n difaru, cofiwch:

"Football has shaped my life, and I feel honoured, lucky and privileged that we've all been able to share the experience with my family."

****

Duncan a'i fêts o Gasnewydd yn y dyddiau cynnar!

Roedd hi'n haws arno erstalwm – nid gwell sylwer, ond haws – pan oedd Duncan yn teithio gyda'i fêts o Gasnewydd. Doedd o'n poeni dim am foethusrwydd yn y dyddiau cynnar. Roedd Duncan yn un o ddwsin o gefnogwyr a neidiodd ar fws mini fydde'n mynd â nhw a'u pebyll yr holl ffordd i Toulouse ym Mehefin 1982.

A'th popeth yn iawn … nes cyrraedd Portsmouth! Yno, bu'n rhaid iddynt lenwi ffurflenni gwrth-derfysgaeth ar y cei. Dau reswm – yn gynta, roedd Prydain yng nghanol Rhyfel y Falklands ac, yn ail, roedd y giwed cefnogwyr yn sefyll allan braidd. Roedd gan un o'r hogiau fohican pinc, tra bod un o'r lleill – soldiwr oedd yn disgwyl yr alwad i fynd am y Falklands – efo mohican oren! Roedd brawd hwnnw, Alan Prickett, yn sginhed go-iawn, efo Doc Martens sgleiniog pum twll ar hugain, crys du, bresys melyn llachar, pen 'di shafio a thatŵ *'Newport Skins'* ar ei fraich. Mae Prickett yn wyneb cyfarwydd ar deithiau o hyd, ond dwi'n falch o ddeud nad yw'n edrych cweit mor ffyrnig heddiw.

Aeth pethau'n flêr braidd ar y fferi. A hithau'n daith dros nos, wedi sesiwn go hegar yn y bar, roedd rhai o'r hogiau wedi canfod llecyn perffaith i ddisgwyl am y cur pen. Yn anffodus, doedd y plant ar fwrdd y llong ddim yn or-hapus gweld sginhed a mohican ffyrnig yn cysgu'n sownd yn un o'r tai bach twt yn ystafell chwarae'r plant. Doedd eu rhieni nhw ddim yn rhy fodlon chwaith – aeth hi'n ffrae go-iawn, a bu'n rhaid i'r capten fygwth troi yn ôl am Portsmouth oni bai fod pawb yn byhafio.

Profodd y daith i Toulouse yn un gythryblus. Cafwyd uffar o ffrae rhyngddynt a chriw o hogiau lleol yn Châtelaillon-Plage, tref fechan i'r de o La Rochelle, pan ddaeth y newyddion fod HMS *Sheffield* wedi ei suddo yn Ne'r Iwerydd gan daflegryn Exocet Ffrengig. Roedd hi'n sefyllfa sensitif iawn i'r dwsin ohonynt gan fod brawd Prickett, y soldiwr, yno yn eu plith.

Ac yna, wedi tair noson o geisio cysgu mewn pebyll cyntefig, dyma gyrraedd Toulouse ar fore'r gêm. Am ryw reswm annelwig doeddan nhw heb gael tocynnau, gan ryw hanner gobeithio y bydde modd cael rhai'n rhad ac am ddim gan swyddogion y Gymdeithas Bêl-droed.

Châtelaillon-Plage Mehefin 4 1982

Roedd sgwrsio, chwerthin a disgwyl am docynnau yn waith sychedig dan haul tanbaid De Ffrainc yng nghanol haf, wrth gwrs, ond fe dorrwyd y syched hwnnw diolch i haelioni diarwybod Dai Davies. Wedi'r cwbl sut ddiawl oedd disgwyl i golwr Abertawe wybod fod y cefnogwyr yn rhoi pob rownd ar fil ei stafell o?!

Sobri'n sobor o sydyn nath yr ugain cefnogwr Cymru yn Toulouse pan ddaeth y newyddion nad oedd 'na docynnau ar eu cyfer. Roedd hi 'di bod yn andros o daith hir i *beidio* gweld gêm yndoedd? Ond na phoener, nid Dai Davies oedd yr unig bêl-droediwr cymwynasgar yng ngharfan Cymru!

"Right then, lads, here's Plan B," medd llais gogleddol brwdfrydig. Oedd, roedd gan Joey Jones gynllun! Casglodd rhyw hanner dwsin o'r cefnogwyr ynghyd yn yr ystafell lle roedd Mike England wedi bod yn trwytho'r garfan, cyn defnyddio'r bwrdd du, darn o sialc a ffon i wneud darlun elfennol o'r stadiwm. Gyda chymorth saethau fan hyn a fan draw, awgrymodd y bydde'n rhaid i'r cefnogwyr dorri i mewn i'r stadiwm, *"here, here and here,"* oni bai fod y tocynnau yn cyrraedd mewn da bryd!

Diolch i'r drefn, doedd dim rhaid i Duncan a'i griw brith neidio dros unrhyw wal na sleifio drwy unrhyw giât. Cyrhaeddodd cyflenwad o docynnau rhad ac am ddim o rywle, a phan sgoriodd Ian Rush unig gôl y gêm i drechu chwip o dîm y Ffrancwyr, doedd y daith hir yn ôl i Dde Cymru ddim yn swnio cynddrwg.

****

Duncan a Prickett ar faes pêl-droed Toulouse Mehefin 2il 1982.

Nath Duncan ddim ystyried mynd mewn bws mini ar ei daith nesa. Yn hytrach, penderfynodd hedfan i Bwcarest, prifddinas Rwmania, am ychydig ddyddiau cyn dal trên i Sofia ar gyfer gêm ragbrofol Pencampwriaethau Ewrop ym mis Tachwedd 1983.

Er yn teithio'n unswydd i wylio'r ffwtbol, cafodd Duncan a'i fêts anturus wledd o chwaraeon drwy'r wythnos gyfan. Roedd yna griw arall o Gymry ar y ffleit o Lundain i Bwcarest – carfan o focswyr amatur, fydde'n cystadlu mewn pencampwriaethau yn ninasoedd Bacau a Ploiesti yn ystod yr wythnos. A phan gyrhaeddodd Duncan ei westy ar gyrion Bwcarest, sylweddolodd fod tîm rygbi Cymru yn aros yno hefyd cyn wynebu Rwmania. Ac yn cadw cwmni i'r garfan rygbi a'r cefnogwyr pêl-droed oedd tîm llawbel yr Unol Daleithiau. Ar drothwy'r gêmau Olympaidd yn Los Angeles roeddan nhw wedi dod draw i Ddwyrain Ewrop i wynebu Rwmania, sef pencampwyr y byd.

Roedd cael blasu cymaint o wahanol gampau yn dacteg glyfar iawn, ac yn rhagbaratoad perffaith ar gyfer siom yn Sofia ddiwedd yr wythnos. Embaras o gweir fu hanes y tîm rygbi yng ngêm fyw gynta 'rioed Duncan, a doedd y bocsio ddim gwell chwaith!

Gyda'r Cymry wedi colli pob gornest yn Ploiesti, camodd y bocswyr pwysa trwm i'r cylch ar gyfer yr ornest olaf. Roedd y Cymro'n amlwg dan deimlad pan glywodd o'r cefnogwyr Cymreig yn bloeddio 'Hen Wlad Fy Nhadau'. Trodd at ei hyfforddwr gan ddeud, *"I'm going to win this for us"*, cyn rhuthro'n danllyd tuag at ei wrthwynebydd lleol yr eiliad canodd y gloch. Hanner munud yn ddiweddarach, roedd y Cymro llawn angerdd ar wastad ei gefn, ac yn gweld dim ond sêr!

Ar eu noson olaf yn Rwmania cyn gadael am Sofia, cafodd y Cymry wahoddiad i frecwast priodas go grand yn eu gwesty. Roedd hi'n amlwg yn briodas bobol fawr mewn gwlad mor dlawd, ac roedd yna ddigon o fwyd a diod i gadw pawb yn hapus ac yn llon. Pawb, hynny yw, ond Figgy.

Roedd Figgy, cefnogwr Caerdydd o'r Barri yn beryg bywyd – iddo fo ei hun ac i bawb arall oedd yn ddigon dewr neu'n ddigon dwl i yfed efo fo. Deuddydd ynghynt roedd o wedi ceisio 'benthyg' bws yn Bacau ar ôl darganfod nad oedd 'na drên i'w tywys nhw yn ôl o'r bocsio i Bwcarest. Doedd ganddo fo ddim map na thrwydded yrru chwaith, ond 'dyw'r fath fân-bethau ddim yn bwysig pan 'dach chi 'di meddwi'n rhacs!

Ond y noson hon, roedd o wedi rhoi clec i botel o frandi eirin gorau wrth gynnig llwncdestun Cymreig i'r pâr priod hapus. Roedd hi'n amlwg fod yna gic yn perthyn i'r brandi, wrth i Figgy ddechrau taflu ffrwythau at y gwesteion eraill, ond doedd o ddim hanner mor gryf â'r gic yn ei din gafodd y meddwyn gan un o'r bownsars.

Nath ei ymddygiad o ddim gwella ym Mwlgaria chwaith. Roedd hi'n bwrw eira'n drwm pan adawon nhw Orsaf Drenau Sofia i wylio'r gêm dan un ar hugain. Roedd yna fwy fyth o eira pan gyrhaeddon nhw Blagoevgrad. Yn wir, dim ond drwy ymdrechion glew cannoedd o filwyr, fu'n brysur fel morgrug yn clirio'r eira oddi ar y maes, y cafodd y gêm ei chynnal o gwbl.

Y bwriad gwreiddiol oedd brysio yn ôl i Sofia yn syth wedi'r gêm. Mawr oedd y siom pan sylweddolwyd nad oedd y trên nesa o Blagoevgrad yn gadael tan bedwar y bore. Gwastraffwyd ychydig amser mewn bar yng nghanol y ddinas, ond pan gaeodd hwnnw am hanner nos, yr unig loches oedd ystafell fach ar blatfform yr orsaf drenau rhynllyd. Roedd Duncan a dau ddwsin o Gymry yn swatio o amgylch hen foeler dŵr yn ceisio cadw'n gynnes pan ofynnodd un ohonynt … *"Where's Figgy?"*

Darganfuwyd y lembo ar y platfform, yn gorwedd ar ei fol, efo'i ben yn yr eira. Roedd ei wyneb wedi troi'n las a doedd neb yn gallu ei ddeffro. Mae Duncan yn argyhoeddedig fod y giard unig oedd yn yr orsaf wedi achub bywyd Figgy drwy roi diod a dillad cynnes iddo.

O edrych yn ôl, dwi'n amau fod Duncan yn gwybod yn iawn pam ei fod o wedi dewis treulio bron i ddau ddegawd yn teithio efo Denise a Stacey yn hytrach na chwennych cwmni rhai o'i gyd-deithwyr cynhara! Be 'dach chi'n feddwl?

Stacey a Denise yn Qatar.

Y Cymro Coll

Roedd haul tanbaid Môr y Canoldir ganol haf yn rhannol gyfrifol am flinder Richard, ond dim hanner cymaint â'r ffaith ei fod o wedi bod yn torri syched ym mariau ynys Melita drwy'r dydd. Roedd o wedi cael llond cratsh bellach, a'i wely yn galw. Ond roedd ganddo ddwy broblem cyn cael cysgu. Yn gynta, doedd ganddo ddim clem ble oedd y gwesty. A'r ail broblem oedd ei ddiffyg synnwyr cyffredin.

****

Roedd y diffyg yma wedi'i amlygu ei hun rai blynyddoedd ynghynt yn Estonia. Trip a hanner i'r dwsin o gefnogwyr nath deithio i Tallinn i flasu croeso cynnes, bywyd nos difyr a phrisiau trydydd byd. Gwych! Welais i 'rioed awyrgylch mor anffurfiol mewn gêm go-iawn. Roedd hi'n debycach i gêm dysteb na gêm ryngwladol. Ac o'r herwydd falle, doedd hi ddim yn teimlo'n od gweld Richard yn sefyll ar y cae yn cymryd penaltis yn erbyn Mart Poom, golwr Estonia! Be oedd fymryn yn fwy swreal oedd ei weld o wedyn, yng nghwmni Tiny o Sir Fôn, yn trio clymu eu baneri "Adar Glas Caergybi" a "CPD Inter-Ifor" yn sownd yn y rhwyd yng nghefn y gôl.

Mae'n rhaid fod gosod y baneri (yn aflwyddiannus) a herio golwr Estonia (methiant arall) wedi bod yn ormod iddo. Mwya sydyn roedd Richard wedi lapio'i faner o'i amgylch ac yn gorwedd yng nghefn y gôl am ryw siesta bach. Anodd credu fod 'na golwr rhyngwladol arall, unrhyw le yn y byd, 'rioed wedi gorfod deffro cefnogwr i weld y gic gynta.

Richard ar fin clymu ei faner yng nghefn y gôl   Richard yn cymryd 'siesta' bach yn Tallinn

'Nôl ym Melita, roedd yr hogiau'n aros yng ngwesty St Julians – gwesty a oedd, am ryw reswm, ychydig filltiroedd o dref St Julians. Sefyllfa ddigon cymhleth i rywun sobor ac yn berchen ar synnwyr cyffredin, wrth gwrs …

Esboniodd Iwan wrtho, yn ara deg iawn, fod eu gwesty nhw, y St Julians

Hotel, oddeutu dau ganllath i lawr y ffordd ar y chwith. O fewn tafliad carreg yn llythrennol, ond wele'r Cymro anniben yn disgyn i gefn tacsi ac yn mwmian *"St Julians"* i'r gyrrwr.

Deng munud yn ddiweddarach roedd o'n deffro ac yn camu'n ansicr allan o'r tacsi yng nghanol tref anghyfarwydd St Julians. Ar goll ac ar ei ben ei hun bach, waeth i Richard druan fod wedi glanio ar blaned arall ddim.

Dechreuodd gerdded, gan obeithio ffeindio'i ffrindiau, ond roedd hi'n anodd cerdded yn syth i unrhyw le mewn tywyllwch alcoholaidd. Roedd o wedi bod yn hercian mynd am oesoedd pan stopiodd gyrrwr car a gofyn iddo a oedd o angen lifft.

"Oes plîs," medd y Cymro coll. "I ble?" gofynnodd y Samariad. "St Julians, plîs," atebodd Richard yn falch wrth neidio i gefn y car – car nath droi rownd a thywys y twpsyn i'r dre unwaith yn rhagor!

Cafodd ei ffrindiau fraw wrth adael y bar yn yr oriau mân. O'u blaenau, yn edrych fel feteran o Fietnam, wele'r dyn oedd wedi mynd i'w wely oriau ynghynt. Roedd yna uffar o olwg arno, a dagrau yn ei lygaid wrth iddo fwydro mai'r unig beth roedd o isho oedd mynd i'w wely, ond fod pawb yn mynnu mynd â fo i rywle diarth a'i adael o yna. Nid fo oedd yr unig un dagreuol – roedd 'na ddagrau yn powlio i lawr bocha ei ffrindiau hefyd wrth glywed hanesion y Groundhog Day Cymreig.

IORWERTH DAVIES

Manylion personol

Enw: Iorwerth Davies
Dyddiad geni: Mawrth 9fed 1935
Man geni: Clocaenog, Rhuthun
Cartref: Pen-y-bont ar Ogwr
Statws priodasol: Priod – dau fab ac un ferch
Swydd: Llyfrgellydd wedi ymddeol ers 1995
Cymwysterau: FCLIP

Hoff bethau?

Bwyd: Cinio dydd Sul
Diod: Llaeth enwyn a Brains SA
Cerddoriaeth: 'Cytgan y Pererinion' gan Joseph Parry
Ffilm: Steve Biko
Tîm pêl-droed: Wrecsam a Brechin City
Diddordebau: Canu corawl, llyfryddiaeth Gymraeg, casglu mapiau cynnar (cyn 1750), criced a phêl-droed

Atgof gorau: Gweld Cymru yn curo Lloegr yn Wembley

Atgof gwaetha: Unrhyw gêm pan mae Cymru'n colli.

Hoff siant bêl-droed: Fy nghas beth yw siantio – cyn ac yn ystod y gêm

Pa bobl enwog hoffech chi gwrdd â nhw?
Dau os gwelwch yn dda. Yn gynta, mi fuaswn wedi hoffi cwrdd â Trevor Ford – chwaraewr caled ar y maes, ond gŵr bonheddig oddi arno a Chymro i'r carn. Ac yn ail, John Hartson – credaf ei fod o'n Gymro cryf iawn, a falle y byddai'n barod i fynd â mi o gwmpas Celtic Park rywddydd!

Y peth mwya doniol i chi ei weld wrth wylio Cymru?
Dwi'n cofio gweld barbwr o'r Drenewydd, Mr Oliver, yn rhedeg ar y maes ym Mharc Ninian tra bod timau Cymru a Lloegr yn ymarfer, yn cymryd y bêl oddi ar un o bêl-droedwyr Lloegr, cyn driblo'n llwyddiannus heibio dau arall.

Tasach chi ddim yn dilyn Cymru, be fasach chi'n neud?
Mae digon o bethau eraill i'w gwneud wrth gwrs, ond mae'r cyfle i wylio Cymru yn crynhoi holl deimladau cenedlaethol tuag at yr un nod.

Crwydro a Mwydro

"Be ffwc sy'n digwydd fan'na, Gary?" oedd cwestiwn y ditectif sarjant ar ben arall y ffôn. Pen arall y ffôn a phen arall y byd, fwy neu lai. Teg dweud nad oedd DS17 Iestyn Davies yn fodlon iawn ei fyd y pnawn hwnnw.

A dweud y gwir, cymysgedd digon chwithig o bryder ac anghrediniaeth llwyr oedd wrth wraidd cwestiynu'r plismon powld. Cofiwch, nid fel plismon roedd o'n holi Gary, ond fel rhywun â chonsýrn anhygoel am aelod o'r teulu.

"Be ddiawl sy'n bod arna chdi?" oedd ymateb syfrdan Gary.

"Wel, mae Dad newydd ddeud 'tha'i fod o 'di bod allan ar y pop efo hogia Bala neithiwr!"

Dadl gref a gonest yw honno sy'n honni fod treulio amser yng nghwmni hogia Penllyn yn gallu niweidio'ch iechyd chi. Hawdd deall pryder a chonsýrn y creadur felly, ond roedd hi'n dal yn swnio'n od clywed y mab yn poeni am y tad, gan fod y tad hwnnw'n cadw cwmni i griw o lanciau sy'n grediniol mai fodca yw'r ysbryd glân!

Ac i wneud pethau'n waeth i'r Ditectif Sarjant, nid mater o lymeitian yn y Plas Coch neu'r Ship oedd hyn. Naci wir. Roedd Iorwerth Davies 'di bod 'ar y pop' efo Parcyn, Humph, Ianto ac Eilian yn Baku nid y Bala. Ac er fod y Bala'n gallu teimlo fel pen-draw-byd o bryd i'w gilydd, roedd Baku, prifddinas Azerbaijan, cymaint â hynny'n bellach i lawr y ffordd honno.

'Dach chi'n gwybod fod Baku'n bell pan fod rhaid stopio am danwydd yn Istanbul a deall mai prin gilometr neu ddwy dros hanner ffordd ydach chi o hyd. A dyna pam, am wn i, fod Iorwerth Davies, cyn-lyfrgellydd chwe deg saith mlwydd oed, yn ben set ar fwrw'i swildod tramorol ar daith hirbell i Baku, gan wfftio magned mwy amlwg fel Milan.

"Mae dirgelwch a newydd-deb yn elfennau cwbl angenrheidiol os ydych am fwynhau taith … Doedd 'na ddim dirgelwch yn perthyn i Milan a'r Eidal."

Fasech chi eisiau i'ch tad fynd am noson allan efo'r rhain?

****

Crwydro a mwydro. Dyna i chi ddau o hoff bethau Iorwerth. Mae'n hoffi casglu hen fapiau a'i hoff raglen deledu yw'r hen gyfres o *Last of the Summer Wine*. Cyrhaeddodd y crwydrwr garreg filltir bwysig iddo rhyw bum mlynedd yn ôl pan gamodd drwy giatiau Parc Springfield, cartre Wigan Athletic. Y p'nawn hwnnw, ymunodd Iorwerth Davies â chlwb go arbennig. Y '92 Club', criw o bobl sydd wedi ymweld â meysydd y naw deg dau o glybiau pêl-droed ym mhedair prif gynghrair Lloegr.

Siaradwch â Iorwerth, ac fe welwch yn fuan iawn nad ydi o'n un am frysio – boed yn eiriol neu'n gorfforol. Pwyll a chywirdeb pia hi bob tro. Dyna i chi rai eraill o hoff bethau dyn a dreuliodd oes yn gweithio mewn maes lle mae lle i bopeth a phopeth yn ei le.

Fawr o syndod felly ei fod o heb ruthro am y set lawn o feysydd. A deud y gwir, 'mond yng nghanol yr wythdegau nath o sylweddoli ei fod o eisoes wedi bod, yn dow dow wrth gwrs, i dros drigain o feysydd. Ac ynte wedi astudio yn Loughborough, wedi gweithio mewn dwy sir yn Lloegr a wedi gwneud ei wasanaeth milwrol gyda'r Llu Awyr mewn chwech o ganolfannau ledled y wlad, roedd o wedi manteisio ar y cyfle i fynd i gêmau pêl-droed yn rheolaidd.

Dyw'r obsesiwn heb bylu. Fedrith o ddim, siŵr iawn. Tra bo clybiau'n adeiladu stadiymau newydd – ffarweliodd Wigan â'r hen faes anniben rai wythnosau wedi ymweliad Iorwerth am borfeydd brasach ond aseptig Stadiwm JJB – a thra bo clybiau'n mynd a dŵad, bydd Iorwerth wastad yn barod i alw draw. Yn wir, wrth drefnu amser am sgwrs gydag o, rhaid oedd canfod lle mewn dyddiadur oedd yn ei weld yn paratoi am ymweliad cynta â Pharc Nene, cartre Rushden & Diamonds.

Yn y bôn, tydy'r gêm ei hun, y perfformiad, na hyd yn oed y canlyniad, ddim yn affwysol bwysig i rywun fel Iorwerth. Yn hytrach, mae gêm ffwtbol yn esgus i deithio, i weld llefydd a chwrdd â phobl ddiarth. Cyfle eto i grwydro a mwydro. 'Mond iddo neud yn siŵr ei fod o wedi bod yn bwyllog a chywir ei drefniadau, wrth gwrs!

Ac yntau wedi bod yn gwylio Cymru ers hanner can mlynedd bellach, un o'i hoff atgofion pêl-droed yw teithio i Wembley fawr ym mis Mai 1977 a gwylio Cymru fach yn trechu'r Saeson ar eu tomen eu hunain am y tro cynta erioed, diolch i gic o'r smotyn Leighton James.

Ychydig fisoedd yn ddiweddarach, roedd ganddo gyfweliad am swydd Prif Lyfrgellydd gyda Bwrdeistref Stockport. Chafodd o mo'r swydd. Yn bennaf, mae'n siŵr, gan nad aeth o i'r cyfweliad! Roedd ganddo bethau gwell i'w gwneud na datblygu ei yrfa, siŵr iawn. Ar Hydref 12fed, 1977, Iorwerth Davies oedd un o'r Cymry prin hynny a deithiodd i Anfield i gefnogi'n gwlad yn erbyn yr Alban. Roedd hi'n gêm gartre i Gymru, ar bapur o leia, ond byddai'n deg honni ei bod hi'n haeddu cael ei chyfri'n gêm oddi cartre:

"Roedd y ffordd o'r twnnel i Anfield fel maes y gad, gyda'r Albanwyr wedi prynu ticedi i'r gêm oddi wrth y Cymry, ac yn dathlu cyn y gêm trwy feddwi'n dwll a chreu cynnwrf yn y ddinas a llanast ym mhobman."

Doedd hi fawr gwell o fewn y stadiwm chwaith. Degau o filoedd o Sgotiaid a chorlan fechan o Gymry yn llenwi Anfield i'r ymylon. Roedd yr awyrgylch yn gwbl farbaraidd wrth i boteli a dyrnau gael eu taflu ar draws y Kop cymysg. A deud y gwir, cymaint oedd pryder Iorwerth, roedd o'n falch fod Joe Jordan wedi twyllo er mwyn ennill cic o'r smotyn i'r Alban. Hyd heddiw, mae o'n gwbl grediniol y bydde 'na gyflafan wedi bod ar strydoedd Lerpwl tasa'r Albanwyr heb ennill y noson honno.

****

Bron union chwarter canrif yn ddiweddarach, roedd Iorwerth Davies yn paratoi i deithio dros y dŵr i wylio Cymru am y tro cyntaf erioed. Nid mater o bicio i rywle efo Iwrostar neu Isijet mo'r trip yma cofiwch ond, yn hytrach, taith i

Azerbaijan. Taith welodd Cymru'n dychwelyd adre efo triphwynt. Taith fydde'n gweld trwch y ddau gant o gefnogwyr teithiol yn sôn am un o'r tripiau gorau 'rioed. A thaith a wnaeth argraff eithriadol ar Iorwerth:

"Erbyn hyn rwy'n sicr na ddylid creu ymerodraethau mawrion digyfaddawd, ac y dylai cenhedloedd a gwledydd bychain gael yr hawl i reoli eu dyfodol eu hunain."

Tipyn o ddeud gan Iorwerth, ond bois bach, oes 'na le i'r fath gnoi cil am wleidyddiaeth rhyngwladol mewn llyfr llawn straeon am fisdimanyrs rhyngwladol dan faner y Ddraig Goch?! Mae'n anodd credu fod dyn diwylliedig fel Iorwerth, dyn yn ei oed a'i amser, wedi ffitio i mewn ar y fath daith.

Dyma i chi ddyn sydd cyn hapused efo llaeth enwyn ag ydi o efo peint, sy'n well ganddo Joseph Parry a Chytgan y Pererinion na'r Undertones, ac sy'n wirioneddol gasáu unrhyw fath o siantio terasaidd pêl-droed. Cenhedlaeth wahanol, ac yn sicr i chi, amserlen tra gwahanol i drwch y ddau gant o bererinion modern. Gloddest o gwrw i rai. Gloddest o hanes a diwylliant i Iorwerth Davies.

Nid fod pethau mor ddu a gwyn â hynny bob tro, cofiwch. Falle bydde mwyafrif helaeth y cefnogwyr yn gartrefol iawn mewn tŷ tafarn unrhyw le yn y byd, ond 'dyw hynny ddim yn golygu ein bod ni'n feddwon anniwylliedig. Cyn teithio, bydd y we yn wenfflam wrth i ddarpar deithwyr gasglu gwybodaeth am y gwledydd yma. Ac mae hi'n nesa peth at amhosib cyrraedd silffoedd y llyfrau teithio yn WH Smith neu Waterstones gan fod yna giw o gefnogwyr yn tyrchu yn y rhifyn diweddara o *Lonely Planet: Azerbaijan* a ballu. Mae hi'n bosib ymddiddori yn hanes a diwylliant gwledydd estron yn ogystal â chael uffar o amser da. Wedi'r cwbl, mae 'na le ac amser i bopeth ond cwsg yng nghalendr llawn y Cymry oddi cartre!

Gwesty Absheron, Baku

Ffitiodd Iorwerth i mewn gyda'r fintai fechan mor rhwydd ag y gwnaeth Danny Gabbidon i fywyd fel chwaraewr rhyngwladol. Doedd ganddo ddim syniad gyda phwy y byddai'n rhannu stafell yng Ngwesty Absheron (oedd wedi ei leoli drws nesa i homar o Senedd-dy a phrin ganllath o Fôr Caspia, gyda llaw), a chafodd y 'fraint' o rannu gyda mab ifanc i feddyg o ardal y Fenni. Gan ddychmygu rhyw sefyllfa nid annhebyg i Victor Meldrew yn mynd am wyliau efo Rhys Ifans, holais Iorwerth sut brofiad oedd rhannu gyda rhywun o genhedlaeth mor wahanol?

"Mwynhaodd ef ei hun mewn ffyrdd gwahanol iawn i mi, ac nid oedd yn awyddus i godi i gael brecwast ..."

... oedd asesiad bonheddig a chryno Iorwerth o'i bartner yn Baku. Disgrifiad cwrtais, ond un sy'n celu'r gwir rhyw fymryn. A'r gwir hwnnw? Wel, gallai Iorwerth gysgu'n dawel tan tua phedwar o'r gloch y bore. Bryd hynny, bydde'r llencyn yn llusgo'i hun yn chwil gaib drwy'r drws i bî-pî a chlwydo. Cyfaddefodd Iorwerth fod deffro yng nghanol nos a gweld y cradur yn sefyll yng nghornel yr ystafell wely, gan gredu ei fod o 'di cyrraedd y tŷ bach, yn brofiad hynod ddifyr! Ond dim hanner mor ddifyr a sobreiddiol â phrofiadau eraill Iorwerth yn Azerbaijan.

Roedd yna elfen o wyliau gweithio yn perthyn i daith y cyn-Brif Lyfrgellydd Sirol a deud y gwir. Galwodd heibio i Lyfrgell Genedlaethol Azerbaijan yng nghanol Baku gan obeithio cael cwrdd â'r Cyfarwyddwr. Ac er nad oedd modd i'r ddau ŵr gyfathrebu am y *Dewey Decimal System* mewn unrhyw iaith gyffredin, cafodd groeso cynnes ganddo yn ogystal â thaith dywysiedig o amgylch yr adeilad enfawr gan ferch oedd yn rhugl ei Saesneg os nad ei Chymraeg! Fel arwydd o gyfeillgarwch brodorol, cyflwynodd ddarn o grochenwaith Ewenni – crochendy hynaf Cymru – iddynt, cyn parhau ar ei daith oleuedig o amgylch y brifddinas. Soniodd unrhyw un am grwydro a mwydro 'dwch?

Cyflwynodd Iorwerth lyfr lluniau o Gymru i reolwraig bwyty'r Gwesty Absheron. Syniad boneddigaidd a chwrtais wrth gwrs, ond un craff hefyd gan yr hen ben, gan fod y rhodd syml wedi gwarantu triniaeth arbennig gan y ferch.

Rwseg oedd iaith gynta'r rheolwraig glên. Yn wir, yn ystod y gormes Sofietaidd roedd yn rhaid i'r Azeris feistroli iaith eu concwerwyr. Ers dymchwel y gyfundrefn honno, ac ennill annibyniaeth, mae yna gyfundrefn arall wedi gosod ei llaw haearn dros y trigolion lleol. Diolch i bresenoldeb olew ym Môr Caspia oddi ar arfordir Azerbaijan, a mabwysiadu credo cyfalafiaeth gan y pwysigion, rhaid dysgu siarad Saesneg bellach, os am gael gwaith a chyflog da gan y pla o gwmnïau Americanaidd a Phrydeinig sy'n 'datblygu' y meysydd olew yno.

"Pe medrai'r Azeris harnesu eu holew eu hunain, byddai'r wlad ymysg y cyfoethoca yn y byd. Gobeithio'n wir y bydd rhyddid iddynt wneud hynny yn y man."

Mae holl gyfoeth y wlad yn nwylo cwmnïau rhyngwladol. Cnewyllyn bychan iawn o Azeris sy'n byw bywyd bras yn sgil y trysor du, tra bod y werin datws yn byw bywydau llwm dan gwmwl o niwl trwchus llygredig. Gwlad llygredig a llwgr. Yn ôl y gwybodusion, mae Azerbaijan yn un o'r gwledydd mwya llwgr yn y byd a'i phobl wedi dechrau hiraethu am yr hen ddyddiau pan oedd pawb yn gwybod eu lle.

****

Mae Baku'n hen ddinas â hen hanes yn perthyn iddi – carcharwyd y Stalin ifanc yma, ac yma, rai blynyddoedd yn ddiweddarach, y cyfarfu'r unben â Charles de Gaulle i drafod yr Ail Ryfel Byd. Yn ogystal, dyma fan geni'r Aiatola Khomeini, cyn-arweinydd ysbrydol, crefyddol a gwleidyddol Iran yn nyddiau'r chwyldro Islamaidd wedi teyrnasiad y Shah.

Un o enwogion modern Baku yw'r chwaraewr gwyddbwyll anhygoel, Gary Kasparov, tra bod y stadiwm pêl-droed cenedlaethol wedi ei enwi ar ôl y twmffat o lumanwr hwnnw, Tofig Bahramov, a roddodd gôl amheus i Geoff Hurst, a Chwpan y Byd ar blât i Loegr yn Wembley yn 1966.

Yn ddinas fawr iawn, roedd Baku hefyd yn ddinas uffernol o sgitsoffrenig. Yn wir, roedd modd gweld adeiladau llywodraethol anferthol Sofietaidd ochr yn ochr â mosciau'r Moslemiaid a chewri cyfalafol y gorllewin fel Macdonalds yng nghanol y ddinas. Ond falle nad oedd Baku fodern yn adlewyrchiad o weddill y wlad.

Drannoeth y gêm, trefnodd y trefnwyr daith fws undydd ar hyd glannau penrhyn Absheron tuag at fynyddoedd y Caucasus. Profodd y daith hon, yn fwy na dim arall, yn agoriad llygad go-iawn i Iorwerth wrth iddynt ymweld â threfi

Guba a Krasnaya Sloboda allan yng nghanol y wlad.

Tref Foslemaidd oedd Guba, a thref oedd wedi diodde dan y Rwsiaid llawdrwm. Roedd pob un o fosciau'r dref hynafol wedi cael eu dinistrio gan eu gormeswyr di-grefydd, ond llwyddodd yr Azeris i gofio'u gwareiddiad drwy'r cyfan. Pan adawodd y Rwsiaid, aeth yr Azeris ati i ailafael yn eu crefydd, ac mae'r bobl wedi llwyddo i ailadeiladu eu haddoldai.

Os rhywbeth, roedd Krasnaya Sloboda yn leoliad mwy rhyfeddol fyth. I fyny yn y mynyddoedd, dyma'r unig dref gwbl Iddewig y tu allan i Israel – tipyn o gamp mewn gwlad Foslemaidd a arferai fod yn rhan o un gwbl ddi-gred.

Dychrynodd Iorwerth pan glywodd am y driniaeth gywilyddus a dderbyniodd yr Iddewon gan Stalin a'i olynwyr barbaraidd. Pan ddaeth y comiwnyddion i Krasmaya Sloboda yn y dauddegau a'r tridegau, gorfodwyd y trigolion i ddinistrio'r synagog ac, yn waeth fyth, gorfodwyd nhw i ddechrau magu moch – y sarhad mwya posib i'r Iddewon, wrth gwrs.

Ond, yn union fel yn Guba, dangoswyd dyfalbarhad a ffydd anhygoel gan bobl y dre er gwaetha'r erlid gwladwriaethol. Ail adeiladwyd y synagogau ac mae'r hen draddodiadau a'r daliadau crefyddol yn parhau i ffynnu mewn cymuned fu mor agos a theyrngar drwy'r holl helbulon yng nghanol y mynyddoedd.

Dau hen ŵr a bachgen ifanc yn y synagog yn Krasnaya Sloboda

****

Tydw i ddim yn bwriadu swnio'n wamal fan hyn, ond roedd y fath hanesion yn taro tant ymysg y criw o Gymry oedd wedi teithio i Asia er mwyn gwylio gêm ym Mhencampwriaethau Ewrop.

Ac ynte'n grediniol fod teithio yn ehangu gorwelion dyn, roedd Iorwerth wedi dysgu cryn dipyn am hanes a bywydau'r Azeris dan ormes y cewri comiwnyddol. Dwi'n rhyw amau ei fod o wedi dysgu rhyw ychydig am ei gyd-deithwyr a chyd-Gymry hefyd, yn ystod y cam petrusgar hwn i'r tywyllwch ar awyren Azerbaijan Airlines.

Mawr oedd ei bleser wrth weld a phrofi cyfeillgarwch y teulu estynedig o Gymry, o bob rhan o'r wlad, oedd yn cymysgu mor hawdd, ac yn edrych ar ôl ei gilydd yn Azerbaijan. Ond un o'r Cymry nath yr argraff fwya ar Iorwerth oedd Tiny – polyn lein o foi o Gaergybi sy'n dilyn Adar Glas Caerdydd i bobman er gwaetha'r pellter daearyddol rhwng dau begwn ein gwlad.

"Uffar o foi ffein ydi'r Tiny 'na 'sdi" oedd geiriau Iorwerth wrth Iestyn, ei fab, ar ôl dychwelyd o Azerbaijan. A falle fod yma neges am apêl y fath deithiau pan ddaw dyn sy'n gweithio mewn ffatri lladd ieir ar Ynys Môn a dyn y pethe o Ben-y-bont yn gymaint o fêts. Gorau chwarae cyd-chwarae yntê?

Dwi'n amau, ac yn gobeithio, y caiff y ddau gyfle i grwydro a mwydro eto cyn bo hir.

Tasach chi'n gofyn barn Ade Colley, newyddiadurwr o Gymro sydd wedi croniclo sawl taith yn y ffansîn poblogaidd 'Bobbing Along', am rai o'r rhyfeddodau mae o wedi eu gweld wrth ddilyn Cymru, dwi'n sicr y bydde'n cyfeirio at yr hanner awr dreuliodd o yn chwarae biliards Rwsaidd mewn murddun o ganolfan snwcer awyr agored ym mhellafoedd Dwyrain Ewrop. Gêm parau oedd hi gyda Phil (Aberystwyth) a Stu (Wrecsam) yn herio Ade (Brighton) a Max (Yerevan). Max oedd perchennog unig ganolfan snwcer al fresco Armenia gyda llaw, yn ogystal â bod yn chwip o chwaraewr medrus. A hynny er gwaetha'r ffaith ei fod o fraich dde yn brin o set gyflawn o freichiau!

Profodd Max ei fod o'n *'one-arm bandit'* go-iawn y pnawn hwnnw, a bydde Dali ei hun yn ei chael hi'n anodd cystadlu yn erbyn y fath brofiad swreal dybiwn i. Ond doedd hynny'n ddim o'i gymharu â'r hwyl a sbri anarferol gafodd rhai o'r selogion mewn clwb nos yn Kiev.

Roeddan ni wedi penderfynu brysio'n ôl i'r gwesty er mwyn gweld *'y sioe'*. Roedd yna hen edrych mlaen at *'werthfawrogi'* rhai o ferched anhygoel o hardd gwlad sy'n llawn dop o'r fath ferched.

"We've come for the show," meddai un o'r hogiau'n lafoeiriog-obeithiol.

"Quick. It's starting now," meddai'r groesawferch ar frys. Dim digon o frys iddi beidio hawlio pymtheg doler o ffi mynediad gan bawb, cofiwch. Cawsom ein tywys drwy'r casino, oedd yn llawn o'r teip fasa'n mynd â Kalashnikov efo fo am noson gymdeithasol. O'n blaenau, mynediad wedi ei orchuddio gan y stribedi plastig amryliw hynny fu mor boblogaidd yng ngheginau cefn neiniau'r chwedegau. Ac, yn fwy arwyddocaol efallai, fu'n gorchuddio mynedfeydd amharchus strydoedd cefn Soho. Perffaith – roedd hi'n argoeli'n dda.

Roeddan ni ar bigau'r drain wrth agosáu at wlad yr addewid. Fesul un, dyma gamu drwy'r plastig pyglyd ... stopio'n stond ... a syllu'n geg-agored ... ar glown yn jyglo peli! Grêt!

Ac ar ôl i'r clown orffen chwarae gyda'i beli, ymlaen â'r adloniant gwerth-pob-sentan penigamp gyda chystadleuaeth dawnsio limbo i ennill potel o shampên lleol. Roedd hi'n anrhydedd mawr i Gymru fach pan drechodd Iwan Pryce bâr priod o'r Iseldiroedd mewn brwydr galed ddigyfaddawd.

Dwi wedi gweld cryn dipyn o adloniant *'gwahanol'* wrth deithio – mae'r Stevie Wonder Rwmanaidd nad oedd yn ddu nac yn ddall ym Mwcarest wastad wedi aros yn y cof. Felly hefyd bol-ddawnswraig beryg bywyd mewn clwb tan-ddaear yn Tirana a'r ddwy gantores Ffilipino nath ddefnyddio Draig Goch 'CARDIFF CITY / HOLYHEAD' fel prop i'w sioe yng ngwesty anhygoel foethus y Sheraton yn Qatar. A tydw i heb grybwyll y bladras honno, oedd 'run ffunud â Rustie Lee efo'i basged o ffrwythau ffres yn Amsterdam, o gwbl! Ond, taswn i'n byw i fod yn gant, anodd credu mod i am weld unrhyw beth tebyg i ddiweddglo rhyngweithiol cabaret clowniaid Kiev.

Dwi'n amau bydd gan yr Americanwr swil gafodd ei lusgo i'r llwyfan i *'fod'* yn Michael Jackson, greithiau seicolegol tra fydd byw. Yn enwedig ar ôl cael gorchymyn i neud *'moonwalk'* am y tro cyntaf yn ei fywyd! Roedd o 'di bod yn ddigon hapus yn yfed shampên a sgwrsio efo merch olygus, tra oedd y clown yn perfformio ond, yn fwya sydyn, roedd ei fywyd o, a'i obeithion o wneud argraff ar Miss Kiev 1999, ar chwâl, diolch i fastad o MC oedd isho bod yn Matthew Kelly.

Gyda Jacko yn ei le, roedd angen band yndoedd? A ninnau wedi llwyr anghofio am '*y sioe*' arall, wele wirfoddolwyr o blith y Cymry meddw i chwarae'r drwm, bâs a gitâr. Ac er fod yr holl offerynnau y math o bethau plastig fasach chi'n eu ffeindio mewn siop 'Popeth am Rouble', roedd o'n gyfle gwych i wireddu breuddwyd o gael bod yn sêr roc am bum munud.

Doedd artaith yr Ianc ddim ar ben, wrth i'r MC fynnu fod gan Michael Jackson stelciwr. Y wraig o'r Iseldiroedd gafodd y joban honno, wrth gwrs, ond roedd angen rhywun i ddiogelu'r Americanwr gwyn oedd yn dynwared Americanwr du sy'n ceisio bod yn Americanwr gwyn. 'Dach chi dal efo fi?

Gan fod Gwilym, Alun, Iwan a finnau eisoes wedi ymuno â'r band, Rhys gafodd y fraint o wisgo helmed a waldio pawb efo pastwn plastig, yn rhinwedd ei swydd fel meindar Meical. Doedd yna neb ar ôl i fod yn gynulleidfa i'r cyngerdd meimio mawreddog, gan fod pawb eisoes ar y llwyfan. Ymddengys fod yr Iseldirwr wedi sleifio allan i weld y sioe arall!

Bechod a deud gwir, gan ei bod hi'n chwip o sioe! Roedd hi'n bryd lledaenu'r genadwri am sioe ora'r wlad yndoedd? Hanner awr yn ddiweddarach, ac ar ôl darganfod stafell dywyll yn llawn cefnogwyr Cymru a merched noeth 'di lapio rownd polion, roeddan ni'n fwy tanbaid dros yr achos na Thystion Jehofa ar fore Sadwrn pan 'dach chi jyst isho llonydd i wylio *Football Focus*. Ymateb digon tebyg i'r Tystion gawson ninnau hefyd am wn i.

"*Clown? Dawnsio limbo? Michael Jackson? Be ddiawl 'dach chi 'di bod yn yfad? Meths? Amser gwely rŵan, hogia?*"

JEREMY JONES

Manylion personol

Enw: Jeremy Jones
Dyddiad geni: Rhagfyr 15fed 1960
Cartref: Tonypandy
Statws priodasol: Yn briod â Justine
  Dau fab bach (Elis a Lewys)
Swydd: Grîn-groser
Cymwysterau: Dwi'n gallu llyfu fy aeliau fy hun
  Nes i orffen yn chweched mewn cwis tafarn un tro.
  Dwi'n rêl boi am roi'r newid anghywir i hen ferched byrolwg.

Hoff bethau?

Bwyd: Halloumi, Eidalaidd, Cajun
Diod: Carling Premier, Llaeth, Jack Daniels
Ffilm: *Three Dimensions of Greta*
Cerddoriaeth: Stone Roses, Screaming Jay Hawkins a phob math o gerddoriaeth pync.
Tîm pêl-droed: Lerpwl a Chymru

Cas chwaraewr?   Dau ohonynt. Vinny Jones am fod yn jôc llwyr. A Steve Lowndes am fy hel i allan o stafell fwyta'r garfan yn Georgia. Twat digywilydd.

Hoff siant bêl-droed?   "Johnny Hartson, very big man,
  None like him in Yerevan."

Pa gyngor byddech chi'n ei roi i chwaraewyr Cymru?
Er lles eich iechyd, cadwch draw o Donypandy

Pa berson enwog hoffech chi gwrdd â fo?
O safbwynt pêl-droedaidd, bydde ysgwyd llaw John Charles – arwr go-iawn – yn gwireddu breuddwyd. O safbwynt personol, bydde cwrdd â chwaer iau Britney Spears yn eitha dymunol!

Uchelgais?
Sicrhau fod fy mhlant yn dwlu ar Gymru lawn cymaint â'u tad, bwyta digon o afalau a chwblhau croesair y *Sunday Sport*.

Byrgyrs, Fodca a Kalashnikovs

Roedd Jerry mewn picil go-iawn. Neu o leia roedd o'n swnio fel tasa fo angen help ar fyrder. Tra bod hanner dwsin ohonom yn eistedd mewn sgwâr hynafol yng nghanol Pavia, yn mwynhau'r haul, y cwrw a'r sioe ffasiwn o ferched anhygoel handi yn cerdded heibio, roedd Jerry yn eistedd ar ei ben ei hun mewn McDonalds.

Nid unrhyw McDonalds, cofiwch, ac yn sicr nid y McDonalds oedd yn hagru cornel o'r sgwâr urddasol lle roedd merched del yn gwylio dynion hyll yn syllu ar ferched ffein ac yn y blaen.

Roedd Jerry ar goll. Roedd Gwil 'di deud wrtho am ddal trên o Milan i Pavia. Dim problem. Roedd Gwil 'di deud wrtho am ddal tacsi o'r orsaf i McDonalds. Hawdd. Doedd Gwil heb ddeud wrtho fod dau McDonalds yn Pavia. O diar!

Chwarae teg i Gwilym, ac ynta wedi cyrraedd Pavia prin ddwyawr ynghynt, doedd o ddim i wybod nagoedd? Ond doedd hynny'n fawr o gymorth i Jerry pan stopiodd y tacsi yng nghanol un o'r parciau manwerthu 'out-of-town' bondigrybwyll yma sy'n edrych yn union yr un fath ym mhedwar ban byd.

Dim golwg o'r hen sgwâr. Dim sôn am fariau na ffrindiau, cwrw na stynars Eidalaidd chwaith. Roedd Jerry'n dechrau amau ei fod o yn y man anghywir. Halen ar friwiau'r dyn coll oedd gweld tin y tacsi'n diflannu drwy'r traffig, eiliadau cyn iddo sylweddoli nad dyma lle roedd o angen bod.

"Can you come and get me, Gwil?" oedd ple emosiynol Jeremy Jones ar ben arall y ffôn symudol.

"Where are you?" medd Gwil.

"No fucking idea, mate," atebodd Jerry'n ddespret, cyn ychwanegu, *"but I'd rather be somewhere else."*

Doedd ganddo ddim clem lle roedd o, heb sôn am lle roeddan ni. Doedd yna 'run tacsi na bws ar gyfyl y McDonalds, a doedd ffrindiau Ronald McDonald yn dallt dim ar ymdrechion ieithyddol gorau'r gŵr o Donypandy.

Ffoniodd i ofyn am gymorth yr hogiau rhyw hanner dwsin o weithiau cyn i rywun benderfynu gneud rhywbeth. A deud y gwir roedd hi'n anodd gadael y cwrw oer a'r fath olygfeydd hardd i fynd ar helfa drysor am Big Mac. Ond gyda Jerry'n swnio fel tasa fo wedi cyrraedd pen ei dennyn, Gwil gafodd y dasg o fynd i chwilio am ei gyfaill coll.

Cafodd Gwil gyfeiriad y McDonalds ar gyrion y ddinas gan staff y McDonalds yn y canol, a mawr oedd rhyddhad Jerry pan welodd ei fêt gorau yn y byd (wel, roedd o dan deimlad ar y pryd yndoedd!!) yn rhuthro allan o dacsi … ac yna'n syth heibio iddo i mewn i doiledau'r McDonalds a gwagio'r holl gwrw a lyncwyd tra bu Jerry druan yn mwytho'i Happy Meal.

Tipyn o artaith a thipyn o ymdrech, a'r cyfan er mwyn gwylio tîm dan un ar hugain Cymru. Gymrodd hi fwy o amser i glymu'r baneri yn sownd yng nghefn yr eisteddle na chymrodd hi i'r Eidalwyr ifanc sgorio,

a phan ddyblwyd y fantais cyn bo hir, roedd y baneri i lawr a hanner dwsin ohonom yn gorymdeithio allan o'r maes.

Roedd yr holl beth yn anorfod rywsut yndoedd – union dri chwarter munud ar ôl clywed giât yr eisteddle yn cau yn glep tu cefn i ni … sgoriodd Cymru!

Ni oedd galla wrth gwrs. Do, fe fethon ni saith o'r naw gôl y noson honno, ond roeddan ni wedi cyrraedd Milan cyn i'r lleill gael cadarnhad o'r sgôr terfynol. A beth bynnag, roedd rhywun yn amau a fasan ni'n cael digon o goliau yn y gêm go-iawn drannoeth.

****

Doedd gadael gêm yn gynnar ddim yn brofiad dieithr i Jerry a deud y gwir. Mae bron yn draddodiad i'r grîn-groser o'r Rhondda.

Yn 1996 aeth Jerry a'i gariad Justine i wylio Cymru Bobby Gould yn herio'r Iseldiroedd. Nid eu bod nhw wedi herio rhyw lawer. A deud y gwir, bu mwy o hwrio yn Amsterdam na herio yn Eindhoven ar y daith honno! Ond dyna i chi gyflwyniad i bêl-droed rhyngwladol i Justine yndê? Uffar o gweir, Vinny Jones yn gapten ei wlad a phob cefnogwr arall o Gymro dan ddylanwad rhywbeth neu'i gilydd ar ôl treulio dwy noson yn Amsterdam.

Roedd yr Iseldirwyr talentog wedi sgorio bedair gwaith cyn yr egwyl. Roedd Justine 'di diflasu'n llwyr. Roedd Jerry wedi cael llond bol ar wylio'r fath warth. Ac i neud pethau'n saith gwaeth, ar ôl pob gôl roedd cyhoeddwr y P.A. yn y Philipstadion yn mynnu bloeddio'r gân soniarus 'No Limits' dros yr uchelseinyddion. Pedair gôl, pedair cytgan o 'No no, no no no no, no no no no, no no there's no limits', ac addewid o fwy fyth yn yr ail hanner.

Ceisiodd y cwpwl o'r cymoedd adael yn ystod yr egwyl ond ofer fu'r ymbilio am drugaredd. Gwrthododd yr heddlu agor y giatiau a bu'n rhaid iddynt ddiodde mwy o goliau a mwy o 'ganu' am dri chwarter awr arall.

Cawsant fwy o lwc ar adael y cae yn gynnar yn Bologna, rhyw ddwy flynedd a hanner yn ddiweddarach. Hon oedd ail daith Justine, bellach yn Mrs Jones, a hwn oedd yr eildro iddi weld Cymru'n cael cweir cywilyddus. A deud y gwir, roedd tîm Cymru llawn cynddrwg â'r garfan yn Eindhoven ond y tro hwn, llwyddodd Jerry i ddwyn perswâd ar stiward i agor drws a lleddfu'r boen.

Treuliodd y pâr priod oriau ofer yn ceisio cael tacsi yn ôl i'w gwesty yng nghanol y ddinas. Bu'n rhaid iddynt gerdded am hydoedd arteithiol yn ceisio stopio tacsi ar ôl tacsi, heb sylweddoli ei bod hi'n anghyfreithlon stopio tacsi yng nghanol ffordd yn yr Eidal!

Daeth eto haul ar fryn i Jerry pan ymddiswyddodd Bobby Gould yn sgil y gweir, ond dyw hi fawr o syndod fod Justine wedi rhoi'r ffidil pêl-droed Cymru yn y to wedi'r fath brofiadau.

Peidiwch â dweud wrth Justine, cofiwch, ond dwi'n amau fod Jerry yn cael mwy o hwyl ar y teithiau hebddi. Yn sicr cafodd benwythnos anhygoel yn yfed a gneud pethau dwl yn gwylio Cymru yn San Marino. Dyna i chi drip perffaith – gêm gythreulig hawdd yn erbyn chwaraewyr rhan amser gwlad o lai na saith mil ar hugain o bobl, haul a thywod braf yr Adriatig bymtheg milltir i lawr yr Autostrada San Marino yn Rimini, a sesiwn yfed bnawn Sul gaiff ei disgrifio, hyd yn oed gan yfwr o statws a phrofiad Jerry, fel *"one of the biggest benders ever"*.

Welais i ddim pryd bwyd yn San Marino, ond pwy ddiawl sydd eisiau cinio dydd Sul pan fo cyfle i chi wledda ar ddanteithion alcoholaidd dan haul tanbaid mewn caffi awyr agored ar ben Monte Titano, mynydd mwya'r wlad fach? Dychmygwch blant yn cael hanner awr ar eu pen eu hunain mewn siop *'pic'n mix'* ac fe gewch chi syniad go lew o'r pleser gafodd criw o gefnogwyr yn blasu'r fodca mwya rhyfeddol welsoch chi erioed. Roedd hi fel ffair alcopops – fodca melon, mefus, mafon, eirin gwlanog a gellyg.

Y bwriad oedd dal bws i lawr o ben y mynydd i'r stadiwm cenedlaethol yn Serravalle ar lawr y dyffryn islaw. Roedd y bysys yn mynd ar yr awr bob awr, ond fe drodd yn bnawn o *'Duw, ddaliwn ni'r bws nesa'* tan i rywun ddigwydd deud fod bws ola'r dydd ar fin gadael y sgwâr. Llwyddodd y rhan fwyaf ohonom i ddal hwnnw yn y diwedd, ond nid felly Jerry a Griggy.

Hyd heddiw dyw Jerry ddim yn gwybod pam yn union penderfynodd o 'fenthyg' fan fach tair olwyn. Roedd y fan dan sylw yn debycach i ferfa na modur a deud y gwir – cymysgedd o Reliant Robin ac un o'r faniau cyngor hynny welwch chi 'di parcio ar ochr lôn tra bod y gyrrwr yn casglu sbwriel yn uffernol o ara deg.

Mae Jerry'n honni mai'r rheswm penna dros ei benderfyniad i neidio mewn i sedd y dreifar oedd i ddysgu gwers i'r gyrrwr esgeulus am adael yr allweddi yn ei fan. Nonsens llwyr wrth gwrs, er mai dyna fydde dadl yr amddiffyniad tasa'r heddlu lleol wedi gweld y meddwyn wrth lyw y ferfa beirianyddol! Fodca, a fodca yn unig welodd Jerry yn dreifio fan fach ddiarth lawr uffar o allt serth efo Griggy yn gorwedd ar wastad ei gefn yn y cefn.

Cwbl hurt, a pheryg bywyd wrth gwrs, ac andros o sioc i'r cefnogwyr eraill oedd wedi ymgasglu tu allan i far mewn sgwâr bach gerbron y stadiwm oedd clywed "bîp, bîp, bîp" a gweld rhywun edrychai'n rhyfeddol o debyg i Jerry yn chwifio arnom, wrth iddo yrru cerbyd oedd yn swnio fel injan wnio. Yn rhyfeddol, penderfynodd Jerry ddangos ei ymwybyddiaeth o yrru diogel. Chwarae teg iddo, defnyddiodd *'indicator'* y fan i rybuddio pawb ei fod o'n bwriadu troi i'r dde. Gyrrwr cydwybodol. Gyrrwr cwrtais. Piti ei fod o'n gyrru ar yr ochr anghywir o'r ffordd ac yn mynd y ffordd anghywir o amgylch rowndabowt ar y pryd!

Fan fach, berfa, 'ta injan wnïo? Jerry sydd wrth y llyw ...

Jerry yn San Marino

Os profodd sesh yn San Marino yn antur beryglus i Jerry a Griggy, roedd o fel trip ysgol Sul o'i gymharu â noson mewn casino yn Tbilisi.

Dim ond un ar ddeg cefnogwr deithiodd i Georgia ym mis Tachwedd 1994 yn ôl Jerry. Roedd o'n bell, roedd o'n ddrud a roedd o'n le peryglus tu hwnt. Yn fwy arwyddocaol efallai, roedd o'n dod prin fis wedi'r embaras ym Moldofa. Gan nad oedd neb eisiau treulio gormod o amser mewn gwlad mor ryfelgar, penderfynodd yr hogiau bicio i mewn ac allan a'r daith swyddogol gyda'r garfan.

Dyw Jerry 'rioed wedi aros mewn gwesty mor foethus. Ond tydi o 'rioed wedi bod i wlad mor uffernol chwaith. Roedd y gwrthgyferbyniad yn eithriadol rhwng gwesty pum seren y Metachi Palace a thlodi dirdynnol y trigolion lleol.

Doedd yna ddim byd i'w wneud yn Tbilisi. Wel, ella fod yna bethau fasa'n bosib eu gwneud, ond y cyngor roddwyd i bawb oedd i aros yn y gwesty a pheidio â mentro tu hwnt i'r drws ffrynt crand – yn enwedig pan fo'r cyflenwad trydan cyhoeddus yn diflannu fin nos.

Cofiwch, roedd y gwesty ei hun, er gwaetha'r moethusrwydd, yn ddigon i godi ofn ar Jerry. Roedd yna synhwyrydd metal yng nghyntedd y gwesty, ynghyd ag arwyddion yn gorchymyn pobl i adael eu Kalashnikovs a'u pistolau yn y dderbynfa!

Treuliodd Jerry a'i gyd-deithwyr dipyn o amser ym mar y gwesty – bar oedd dan ofal dynes flin a byr ei thymer. Rhyw ddwy flynedd yn ddiweddarach, cafodd Jerry fraw tra oedd yn gwylio'r teledu yn Nhonypandy. Mewn rhaglen am weithgaredd cudd y CIA ledled y byd, gwelodd wep rheolwraig y *'piano bar'* eto a throdd yn gwbl welw pan glywodd mai hi oedd yr ysbïwr KGB oedd wedi saethu un o brif swyddogion y CIA yn ei ben yng nghefn car! Roedd Jerry yn laddar o chwys wrth wylio, ac yn falch nad oedd o wedi gofyn am ail fowlenaid o gnau!

Ar y nos Fawrth, cafodd carfan dan un ar hugain Cymru wahoddiad i fynychu casino yn y brifddinas, a threfnwyd bws mini i'w cludo yno. A hwythau'n despret i weld mwy o Tbilisi na waliau'r Metachi Palace, llwyddodd Jerry a Griggy i fachu lifft gyda'r chwaraewyr ifanc. Dipyn o gambl a deud y gwir oedd mentro i'r fath le, a bu ond y dim i'r chwarae droi'n chwerw i Jerry y noson honno.

"I've just sent a man to heaven" … meddai'r gangster gwyllt ei olwg, wrth gerdded 'nôl i mewn i'r casino. Roedd o'n chwerthin wrth ddeud hyn, ond anodd peidio'i gredu o, gan fod ei lygaid oeraidd yn awgrymu nad oedd y fath orchwyl yn beth anghyfarwydd. Yn bwysicach fyth efallai, roedd Jerry wedi clywed sŵn saethu jyst cyn i'r seicopath ailymuno â nhw.

Gwaethygodd pethau wrth i'r mwya o'r llanciau maffia ifanc dychrynllyd ddechrau ei gneud hi'n gwbl amlwg i Jerry ei fod o 'di cymryd cryn ffansi at ddyn ffrwythau mwya golygus y Rhondda! Dechreuodd Jerry grynu wrth i'r cawr fynnu fod rhaid i Jerry a Griggy fynd yn ôl i'w fflat am ddiod a smôc.

Mae'n debyg mai *'Tangyflawnodd'* fydd beddargraff pêl-droed proffesiynol Gareth Knott. Methodd wneud argraff ddigonol gyda Spurs ac, yn anffodus, digon tebyg oedd ei ffawd gyda'r Barri. Ond, y noson honno yn 1994, roedd y chwaraewr canol cae yn llwyr haeddu medal am achub tin os nad bywyd Jeremy Jones. Nid fod Knott wedi gwneud rhyw lawer cofiwch, 'mond bod yna wrth ochr Jerry a dal gafael arno'n dynn, tan i'r bws mini gyrraedd i'w gludo'n ddiogel a diniwed yn ôl i hafan y Metachi Palace. Yn ôl Jerry, mae yna beint yn dal i ddisgwyl Gareth Knott tu ôl i'r bar yn y City Arms fel arwydd o'i ddiolchgarwch.

Roedd y gêm hyd yn oed yn waeth na thrawma'r casino. Hynod annisgwyl oedd yr andros o gweir o bum gôl i ddim, gyda phlant bach budur yn begera a phoeri hadau pwmpen at y dwsin o Gymry dewr yn gefndir perffaith i daith nad oedd iddi unrhyw nodweddion achubol. Ond i gefnogwr Lerpwl a Chymru, fel Jerry, falle mai siom fwyaf y daith oedd sylweddoli fod Ian Rush yn feidrol. Nid cymaint am ei berfformiad ar y cae – roedd hwnnw 'di prysur ddirywio ers 'y gôl' honno yn erbyn yr Almaen yn 1991 – ond am ei broffwydoliaeth gwawdiol yn y gwesty, ar fore'r gêm, ei bod hi am fod mor hawdd i Gymru.

****

Yn amlwg, o hanesion Jerry, dyw gwylio Cymru dramor ddim wastad yn fêl i gyd. Ond rhybudd i'r rhai ohonoch sy'n mwynhau poen yn eich bywydau personol, does yna ddim sicrwydd cant y cant fod pob taith am fod yn hollol arteithiol chwaith. Yng nghanol y siom a'r ofn, mae cyfle i Gymry gwerinol go-iawn ymestyn dwylo dros y môr.

Roedd Nikolai Bakardjev newydd fod ym maes awyr Sofia i weld un o'i arwyr yn

*Niki
(yn y canol)*

glanio yn ei wlad. Roedd Ian Rush yn ymweld â Bwlgaria gyda charfan Cymru ar gyfer gêm ragbrofol ar gyfer Pencampwriaethau Ewro 96. Ac fel ffanatig Lerpwl, roedd Nikolai 'di gobeithio cael cip ar filgi o flaenwr oedd yn berchen ar fwstásh fydde'n ddigon cartrefol ar wefus ucha'r Bwlgariad mwya ystrydebol posib.

Gwilym welodd Niki gynta. Neu'n hytrach, Gwilym sylwodd ar foi yn cerdded heibio yn gwisgo crys coch Lerpwl. Dros beint neu dri, cafwyd sgwrs ddiddorol iawn â'r Bwlgar ifanc oedd yn rhugl mewn Saesneg Sky Sports a 5 Live.

"After the break, we will go to the next bar," meddai Niki yn gwbl ddiffuant cyn gofyn am gymorth y Cymry i ddatrys problem oedd wedi ei boeni ers peth amser.

"What does under way mean?" oedd y cwestiwn treiddgar roddwyd gerbron Jerry. Roedd Niki druan methu'n glir â deall be oedd gohebwyr Sky Sports a 5 Live yn feddwl pan oedden nhw'n datgan: *"the match is already under way"*!

Roedd Niki yn sâl fel ci ar ôl noson o gwmni Celtaidd. Ond er gwaetha'r salwch, roedd o wedi llwyddo i wneud ffrind am oes. Byth ers y cyfarfod cynta hwnnw ym mis Mawrth 1995 mae Jerry wedi cadw mewn cysylltiad clòs â Niki. Symudodd Niki i fyw gyda'i fam yn Nicosia, prifddinas Cyprus, tua phum mlynedd yn ôl, ac ar ôl cyfnod yn gweithio mewn ffatri Carlsberg mae o wedi dechrau busnes ei hun fel peintiwr.

Fe fu draw yn ymweld â Jerry yng Nghymru, a Jerry yntau wedi cael noson allan yn Nicosia tra oedd ar wyliau teuluol ar yr ynys. Yn ogystal, mae Jerry wedi gofalu ei fod o'n gyrru crys newydd Lerpwl at ei ffrind bob tro caiff fersiwn newydd arall ei lansio, a Niki'n gyrru nwyddau clybiau Cyprus i'r Rhondda nawr ac yn y man.

Cymaint yw'r cyfeillgarwch rhyngddynt bellach, pan aeth Niki yn ôl i Sofia i ymweld â'i dad a'i frawd ym mis Awst 2003, manteisiodd ar y cyfle i dreulio chwe awr mewn bws er mwyn cwrdd â Jerry ym Melgrâd, meddwi'n rhacs a gwylio Cymru 'mond am yr eildro erioed, cyn dal y bws ola am daith chwe awr yn ôl i Sofia am hanner nos.

Mis ar ôl cwrdd â Nikolai Bakardjev am y tro cyntaf, roedd Jerry wedi gneud ffrind newydd arall ar ei deithiau. Roedd o 'di dechrau sgwrsio gyda Klaus tra oedd yn ciwio am ganiau cwrw o stondin byrgyrs a frankfurters yn Dusseldorf. Ers hynny, mae Klaus wedi mabwysiadu Cymru fel ail dîm, ac wedi teithio i'n gwylio yng Nghaerdydd bedair gwaith, yn ogystal â thripiau i'r Swistir a Gwlad Pwyl.

Tra bo croeso cynnes o hyd yn disgwyl Klaus y Jyrman yn y cymoedd, mae rhywun yn amau fod yna fwy o groeso i Santa Clôs yn nhŷ Jerry a Justine y dyddiau hyn.

Byth ers ei daith gynta yn 1979, a welodd y Jerry ifanc yn treulio noson mewn cell yn Cologne, mae o wedi cael rhwydd hynt i'w 'fwynhau' ei hun yn y modd mwya llednais posib. Ond tra ei fod o'n siŵr o'i 'fwynhau' ei hun am sbel eto, falle fod yna dro ar fyd ar y gorwel.

Tydi o ddim ar fin cyhoeddi unrhyw ymddeoliad, ond mae'r dyn sydd wedi gwario ffortiwn yn ymddwyn mor blentynnaidd dros y môr yn dad bellach, ac yn ysu i weld ei feibion ifanc, Elis (3) a Lewys (ddim yn un oed eto), yn cadw cwmni iddo mewn gêmau rhyngwladol. Fel rhyw fath o ddefod newid byd (rites of passage) uchelgais y Jerry aeddfetach yw gweld yr hogiau yn cael cymaint o hwyl, a mymryn mwy o lwyddiant na'u tad ar dir tramor.

Ond fel dyn sy'n fodlon cyfadde iddo ddiodde'n aruthrol o glwy gwlychu gwely ar sawl taith feddwol yn ystod y nawdegau, tybed a fydd Jerry'n awyddus i fynd ar daith efo nhw ymhen deunaw mlynedd?

"I bloody hope so mate, but I might be a bit of a burden for them!"

Jerry wrth ddrws ei dŷ yn Nhonypandy.
Sylwer ar y gwydr uwchben y drws ac enw'r tŷ.

Pabell Ymhell o Gartre

Y gôl 'na yn erbyn Arsenal. Yr arian ffug a'r carchar. A hyd yn oed y noson boenus honno pan dderbyniodd flaen sgriwdreifar ym moch ei din wrth ddiddanu ei chwaer-yng-nghyfraith yng nghefn car ar ochr yr A55. Nac oes, does yna ddim prinder digwyddiadau ym mywyd lliwgar Michael Reginald Thomas. Ond mae yna un peth am Mickey Thomas, uwchlaw popeth arall, wedi aros yng nghof Hywyn Pritchard ers bron i ugain mlynedd bellach.

Medi 1984 a Chymru'n wynebu gêm ragbrofol Cwpan y Byd yng Ngwlad yr

Gêm
Gwlad yr Iâ
1983

Iâ. Gyda gêmau yn erbyn Sbaen a'r Alban eto i ddod doedd 'na ddim amheuaeth mai'r Islandwyr oedd tîm gwanna'r grŵp. Dyna farn Mickey Thomas yn amlwg. Pam arall nath o honni cyn y gêm mai esgimos yn ymarfer ar rewlifau oedd carfan Gwlad yr Iâ?

"Diolch yn fawr, mêt," medd Hywyn a gweddill y 'dirty dozen' o gefnogwyr, fel Kelly a Snowy o Gaergybi a Fuzzy o Froncysyllte, oedd wedi mentro tua'r gogledd. Roedd geiriau gwawdiol Mickey yn ysgogiad perffaith i'r hogia cryf penfelyn ar eu tomen eu hunain.

Bu'n rhaid i Hywyn a Llwydmor – ei fêt a chyd-Gymro yn Adran Gemeg Prifysgol Salford – lusgo geiriau'r Bonwr Thomas fel croes o amgylch yr ynys am bron i wythnos wedi'r embaras yn Reykjavik. Ond teg dweud fod yn rhaid i'r ddau stiwdant tlawd ysgwyddo peth o'r bai am yr artaith yn yr anialdiroedd. Wedi'r cwbl, nid Mickey Thomas benderfynodd fod treulio wythnos ar wyliau campio yn uffar o syniad da!

Roedd wythnos mewn pabell wedi apelio am un rheswm yn unig. Roedd o'n rhad gythreulig ac yn siwtio cyllideb myfyrwyr i'r dim. Ac mewn wythnos yn llawn mistêcs, gymrodd hi ychydig dros bedair awr ar hugain i sylwi be oedd y camsyniad cynta … roedd rhaid iddynt wynebu pum niwrnod o sylwadau pryfoclyd yr Islandwyr gorfoleddus, yn eu hatgoffa o sylwadau nawddoglyd Mistar Tomos.

Roedd y tywydd bron cynddrwg â chanlyniad y gêm, a thirlun y wlad bron mor ddiflas. Lafa, lafa, a mwy fyth o blydi lafa. Dyna chi sbort yndê? Treulio oriau yn taro pegs pabell mewn caeau lafa gwag!

Ac fel bonws creulon, roedd Gwlad yr Iâ yn wlad sych. Hynny yw, yn sychach na Happy Hour yn Tehran neu Sul yn y saithdegau yn Sarn Meillteyrn. Heddiw, ystyrir Reykjavik ymhlith prifddinasoedd mwya bywiog ac atyniadol y byd, ond ugain mlynedd yn ôl, doedd yna ddim y fath beth â thŷ tafarn yn perthyn i'r lle. Teg dweud nad hwn oedd gwyliau gorau Hywyn a Llwydmor, a byth ers hynny mae Hywyn wedi dysgu ei wers … *"Ennill neu golli, syth adra amdani!"*

Dyma benderfynu dianc o'r gwawdio di-dor at loches bosib ar Vestmannaeyjar, neu'r Ynysoedd Westman, oddi ar arfordir deheuol y wlad, a chyfle i gael cipolwg ar ynys 'newydd' Surtsey oedd wedi ffrwydro allan o'r môr yn 1963.

Er fod y gwawdio wedi gostegu rhywfaint ar yr ynysoedd, nath y gwyliau ddim gwella o gwbl a deud y gwir. Roeddan nhw wedi penderfynu gwersylla ym maes pebyll trawiadol Herjólfsdalur, oedd wedi ei leoli fel rhyw fath o amffitheatr yng nghrochan hen losgfynydd Norduklettur. Ond cawsant rybudd gan y trigolion lleol i fod yn ofalus a sicrhau eu bod yn gosod y babell mewn llecyn eitha cysgodol, gan fod storm aruthrol gryf *'force 12'* ar ei ffordd. Grêt!

A hwythau reit ym mhen draw'r byd, pwy gyrhaeddodd y gwersyll gwag ond criw o Almaenwyr, siŵr iawn! Ymateb greddfol Hywyn oedd rhoi gwybod iddynt am y perygl oedd yn ffrwtian allan yng Ngogledd yr Iwerydd.

Hywyn: *"Well i mi ddeud wrthyn nhw am y storm."*
Llwydmor: *"Pam? Ti'n gwbod pwy 'di rheina dwyt?"*
Hywyn: *"Ydw. Ond, chwara teg, well i mi rybuddio nhw, tydi?"*
Llwydmor: *"Ond ti'n gwbod be natha nhw i ni 'dwyt?"*

Parodd y sgwrs am ryw ychydig, cyn i Hywyn ofyn i'w gyfaill be'n union oedd y broblem. Ateb Llwydmor? ... *"Natha nhw guro ni ffeif-won yn Cologne, do?!"* Athro da 'di amser yndê!

O.N. Do siŵr iawn, fe chwalwyd y babell gan y dymestl yng nghanol nos, gan adael yr hogia yn wlyb, yn oer ac yn ysu am beint. Be ddiawl oeddach chi'n ei ddisgwyl? Diweddglo hapus?!

Trip Gwlad yr Iâ

IWAN PRYCE

Manylion personol

Enw:	Iwan Pryce
Dyddiad geni:	Ionawr 8fed 1967 – rhannu pen-blwydd â David Bowie, Shirley Bassey ac Elvis Presley.
Man geni:	Tu allan i Gymru!
Cartref:	Caerdydd
Statws priodasol:	Yn briod â Iola Wyn
	Dau fab (Lleu – troed chwith a Caeo – heb ddewis eto)
Swydd:	Technegydd
Arwydd y Sidydd:	Y Peint
Taldra:	5 troedfedd, 8 modfedd
Pwysau:	Oes, diolch

Hoff bethau?

Ffilm:	*Goodfellas / Casino*
Anifail:	Platapws pig hwyaden
Tîm pêl-droed:	Dinas Caerdydd
Diddordebau:	Byw a mwynhau byw
Atgof pêl-droed:	Gôl Craig Bellamy yn Denmarc yn 1998
Taith bêl-droed:	Malta a Tunisia (Mehefin 1998)
Arwr plentyndod:	Mark Hughes / Captain Sensible
Gêm gynta Cymru?	Cymru 3, yr Alban 0 ar Barc Ninian yng Nghaerdydd yn 1979 – hatric i John Toshack.
Hoff siant bêl-droed?	"Only Trollope plays for Wales, plays for Wales Only Trollope plays for Wales, plays for Wales No slags or sluts or prostitutes Only Trollope plays for Wales."

Pa gyngor byddech chi'n ei roi i chwaraewyr Cymru?
Os nad ydych yn *gwybod* eich bod eisiau chwarae i Gymru – peidiwch!

HA!HA! Tŵ-Nil

Byth ers iddo fynychu ei gêm gyntaf yn 1979, mae Iwan Pryce wedi credu fod gwylio Cymru'n grêt. Yr unig broblem oedd fod gwylio tîm cenedlaethol ei wlad yn chwalu'r Alban o dair gôl i ddim ar Barc Ninian, diolch i hatric gampus John Toshack, wedi gosod rhyw gynsail uchelgeisiol tu hwnt i fachgen deuddeng oed. O hynny allan, roedd o'n disgwyl buddugoliaeth ysgubol ym mhob gêm ryngwladol. Falle fod y gor-optimistiaeth rhemp wedi pylu drwy brofiad, ond dyw angerdd ei arddegau heb wanio dim, er gwaetha cyfnodau llwm, llymach a hyd yn oed cyfnod Bobby Gould.

Nid llwyddiant sy'n esbonio angerdd Iwan a'i debyg wrth gwrs. (Pa lwyddiant yndê?) Na, y ffactor pennaf am ymroddiad cenedlaetholgar Iwan Pryce yw'r wefr a gaiff o deithio'r cyfandiroedd yn cefnogi Cymru. I Iwan, mae gwylio Cymru dramor yn *"sleis o Gymreictod nad oes llawer yn gwybod amdano – cyfrinach orau pêl-droed Cymru."*

Haws cadw cyfrinach pan 'dach chi yn un o ddeg ffan ffyddlon mewn gêm gyfeillar yn Fienna wrth gwrs, nag yng nghanol deng mil o gefnogwyr tywydd teg Cymru yn y San Siro. Fel un o'r selogion sydd wastad yn ymddangos mewn llefydd mor ddiarffordd â Minsk, Yerevan a Qatar, yn ogystal â llefydd 'secsi' a chyfleus fel Milan, falle fod gan Iwan le i gredu fod mwy o hwyl i'w gael yn y dyddiau pan nad oedd fawr neb isho mynd i wylio Cymru gartre heb sôn am oddi cartre.

Ond rhaid cropian cyn cerdded, wrth gwrs, ac mae gan bawb hawl i ddechrau cefnogi yn rhywle yndoes? Wedi'r cwbl, senario digon tebyg a ysgogodd Iwan i fwrw'i swildod teithiol. Cyn y bererindod i'r San Siro, y gêm yn Nürnberg yn 1991 welodd y nifer fwya 'rioed o Gymry yn cefnogi'r tîm ar dir tramor. Ac ymysg y pum mil gobeithiol … Iwan Pryce a llond bws o jocars o'r Butchers Arms yn Rhiwbeina.

****

Yn wahanol i Iwan a gweddill yr hogiau, doedd un boi ar y bws heb dalu can punt o flaendal. A deud y gwir, doedd o'm hyd yn oed wedi rhoi ei enw i lawr ar gyfer y daith. Ond chwara teg i Joffis, doedd o'm yn gwybod am y daith tan ryw hanner awr cyn iddynt gychwyn am Dover.

'Mond galw mewn am beint cyn mynd adra am swper nath y creadur. Ond gyda'r Butchers Arms yn anarferol orlawn am bnawn Llun, doedd hi 'mond yn naturiol ei fod o am wybod be oedd yr achlysur. Yn yr amser gymrodd hi i foi oedd yn pwyso ar y bar ddeud *"We're all off to Germany"* roedd cynlluniau wsnos Joffis wedi newid yn llwyr. Trodd yr 'un peint ac adra' yn sesiwn bedwar diwrnod wrth iddo ffonio'i fam i ganslo

swper ac i erfyn arni i ddod â'i basbort i'r tŷ tafarn cyn gynted â phosib.

Chafodd o'm cyfle i newid o'i siwt waith hyd yn oed, cyn cychwyn ar daith fws chwedlonol, sydd, hyd heddiw, yn gwneud i Iwan Pryce rowlio chwerthin wrth feddwl amdani. Yn nhyb Iwan, llwyddodd y daith i gyfuno darnau mwya doniol *On the Buses, Only Fools and Horses* a *C'mon Midffîld* mewn ffars ffwtbolaidd go-iawn.

Dau stereoteip o'r Rhondda oedd am yrru'r bws. Dau foi canol oed na fydde'n gallu bod yn ddim byd arall ond gyrwyr bysys canol oed o'r cymoedd. Y math o ddynion oedd yn yrwyr bysys canol oed o'r cymoedd pan oeddan nhw 'mond yn bymtheg oed debyg. Y rhain oedd Blakey a Reg Varney de Cymru. Blaser fu'n ffitio'n dwt, rywdro, efo logo'r cwmni bysys ar un frest a thair pluen "Ich Dien" ar y llall, slacs Farah, pwrs baco, crys gwyn a choler galed a thei'r clwb rygbi lleol fel y *pièce de resistance*.

"*Good evening, gents. Hold on tight,*" medd un, yn llawn arddeliad, a bant â'r bws honedig-foethus am yr M4 a Nürnberg.

****

Roedd Joffis wedi sylweddoli fod meicroffôn y bws yn gweithio'n grêt pan glywodd y gyrrwr yn croesawu'r cefnogwyr a stryffaglodd allan o'r Butchers Arms yn cario sawl crêt cwrw. Er mai gwaith swyddfa oedd gwaith go-iawn Joffis, roedd o wastad wedi torri ei fol isho bod yn gomedïwr '*stand-up*'. Roedd hwn yn gyfle rhy dda iddo'i wfftio yndoedd? Meicroffôn, hanner cant o ddynion caeth meddw, a thaith ddiflas bedair awr ar hugain. Roedd yr hogiau angen cael eu diddanu. Roedd Joffis yn ddiddanwr heb ei ail (yn nhyb Joffis o leia). Brofodd hi'n bedair awr ar hugain hir iawn.

A deud y gwir, doedd neb fymryn callach a oedd jôcs Joffis yn ddoniol ai peidio, gan fod y clown yn mynnu rhuo chwerthin cyn cyrraedd pob *punchline*. Roedd hi bron cynddrwg â gwrando ar Owen Money. Ac i neud pethau'n waeth, roedd Joffis yn rhygnu 'mlaen a 'mlaen, yn union fel un o'r cwningod rheini yn hysbyseb batris Duracell. Yn syml iawn, ac eithrio'r fferi rhwng Dover a Calais, doedd 'na ddim modd cau ceg y cythraul tan iddyn nhw gyrraedd eu gwesty yn Wurzburg ar gyrion Nürnberg yn hwyr ar y pnawn Mawrth.

Chymerodd hi fawr o amser i'r hanner cant o Gymry sylweddoli nad oedd nos Fawrth yn noson bwysig yng nghalendr gymdeithasol trigolion Wurzburg. Roedd hi'n dawel fel y bedd ymhobman ac eithrio tafarn 'The Green Goose' yng nghanol y dref. Roedd hi fel y Gorllewin Gwyllt yn fan'no … yn llythrennol!

Doedd Iwan ddim yn gwbl siŵr be fydde'n disgwyl amdano ar waelod y grisiau, ond yn sicr, doedd o ddim wedi rhag-weld tafarn yn llawn cowbois ym Mafaria. Roedd y lle'n orlawn a phawb yn gwisgo stetsons a chrysau siec wrth iddyn nhw wrando ar gerddoriaeth *country & western* Americanaidd gwael.

Chafodd Iwan ddim cyfle i fwynhau'r gerddoriaeth. Roedd pawb wedi troi a syllu pan gamodd o i mewn i'r bar. Wel, roedd o wedi anghofio'i stetson yn y gwesty yndoedd! Trodd pethau'n hyll o fewn dim. Gan ddal i syllu arnynt, dechreuodd nifer o'r cowbois canol wsnos ruthro'n fygythiol tuag at y newyddddyfodiaid. Roedd Iwan wedi derbyn ei bod hi'n amen arno a'i fod o am gael ei ddyrnu go-iawn gan y cowbois am feiddio tresbasu ar eu noson fawr nhw. Ond yna, gwyrth. Rhuthrodd y cowbois yn syth tuag at y Cymry, rhuthro'n syth heibio iddyn nhw ac i fyny'r grisiau am y stryd.

Roedd awyrgylch tafarn canu gwlad wag yn waeth hyd yn oed nag un orlawn, felly fe benderfynodd Iwan a'r hogiau ddilyn y dorf i weld be oedd yn digwydd tu allan. Gwelson nhw'r cowbois yn sefyll mewn cylch mawr, yn gwylio dau gowboi arall yn waldio'i gilydd.

Ac mewn stori mor rhyfedd â honno sy'n gweld criw o Gymry'n gwylio cowbois yn cwffio ar stryd yng nghanol yr Almaen, doedd hi fawr o syndod fod y cafalri 'di cyrraedd ar frys, ar ffurf Jeep yn llawn heddlu milwrol yr Unol Daleithiau! Roedd y 'Green Goose' yn dŷ tafarn poblogaidd ymysg y lluoedd arfog Americanaidd oedd wedi eu lleoli ar gyrion Wurzburg. A'r noson fwya poblogaidd o bell ffordd? Noson canu gwlad pob nos Fawrth siŵr iawn!

Trodd noson swreal yn noson o slapstic llwyr wedyn wrth i gefnogwyr Cymru ymuno yn y ffrae. Roedd y cowbois cwerylgar yn dal i gwffio. Roedd yr heddlu milwrol yn ymdrechu i arestio'r ddau ddihiryn a hel pawb arall adra. A roedd y Cymry yn mwynhau'r ffeit cymaint, roeddan nhw'n trio'u gorau i rwystro'r heddlu rhag gneud eu gwaith!

Roedd hi'n anorfod rywsut, ac yn hynod addas, fod noson Iwan wedi dod i ben yn gwylio rhifyn o *Bonanza* ar deledu yn y gwesty. Ar ôl popeth arall y noson 'dawel' honno, doedd gwylio hen raglen deledu am gowbois yn America, wedi ei dybio i'r Almaeneg, ddim 'di taro Iwan fymryn yn od!

****

Diwrnod i'w anghofio oedd diwrnod y gêm i bob un o'r miloedd o Gymry yn y Frankenstadion. Nid fod pob Cymro wedi llwyddo i gyrraedd y stadiwm.

Wedi pnawn yn yfed a gwrando ar fandiau oompah yn chwarae cerddoriaeth y Muppets hyd syrffed mewn parc cyfagos, roedd hi'n amser symud tuag at y stadiwm. Wrth

Rhai o'r Cymry yn Nürnberg.

gerdded drwy'r parc roedd criw o sginheds Almaenig annifyr wedi neidio allan o'r llwyni a bygwth un o fechgyn y Butchers Arms. Roedd Nobby 'di dechrau ymladd yn ôl yn syth bìn, ond er i'r Heddlu gyrraedd yn eithriadol handi, llwyddodd y Cymro a'r sginheds oll i ddianc heb gael eu harestio.

Nath pawb ddim dianc, cofiwch. Yr unig un a gafodd ei arestio oedd Joffis. Doedd dyn y jôcs heb fygwth neb, heb sôn am daro unrhyw un, felly be goblyn oedd ei drosedd? Wel, yn syml iawn, roedd o wedi bod yn cerdded ychydig o flaen Nobby pan ddechreuodd y trafferthion. Roedd o wedi troi rownd i fusnesu

■ EM-QUALIFIKATION ■
DEUTSCHLAND—WALES
16.10.1991 · 20.15 Uhr · FRANKENSTADION NÜRNBERG

pan glywodd weiddi, bytheirio a seiren yr Heddlu. Yn anffodus i'r dyn â'i fryd ar yrfa 'stand-up', disgynnodd ar ei din reit o flaen y plismyn, cyn cael ei arestio am fod yn *drunk & disorderly*!

Wrth iddo gael ei hebrwng mewn fan i'r celloedd, yr unig gysur i Joffis oedd nad oedd ganddo docyn i'r gêm beth bynnag. Ond roedd o hyd yn oed yn fwy despret i wylio'r gêm pan sylweddolodd fod y plismyn tu allan i'w gell unig wedi gosod set deledu fach ar eu desg er mwyn cael gwylio'r gêm tra oeddan nhw'n cwblhau eu shifft.

Roedd o wedi cael ei arestio ar gam, a rŵan roedd hi'n amlwg nad oedd o am gael gweld y gêm o gwbl. Teg dweud fod Joffis yn gandryll. Dechreuodd ddyrnu drws trwchus ei gell gan ddiawlio'r giards a'r Almaenwyr oll fel cenedl. Roedd hi fel gwrando ar sgwrs rhwng Jim Davidson a Stan Boardman, wrth i bob rhagfarn dan haul gael ei wyntyllu gan y comic mewn cell.

Cododd ei galon pan glywodd oriad yn troi yng nghlo'r gell. Rhyw 'Grêt, ga i adael fan 'ma'n syth, neu o leia ga i wylio'r gêm yn gynta!' oedd damcaniaeth gobeithiol y Cymro, ond roedd y realiti fymryn yn wahanol.

Agorodd drws ei gell, ac yn sefyll yn ffrâm y drws, efo uffar o wên ar ei wep, oedd un o'r giards. Meddai'r Jyrman yn llawn dileit … *"Ha! Ha! Tŵ-Nil"* … cyn cau'r drws yn glep ar Joffis am yr eilwaith.

Doedd hynny ddim yn ddigri o gwbl yn nhyb y comedïwr o Gymro. Ond o leia roeddan nhw'n cychwyn am adra y bore canlynol …

****

"Gents. We've got a slight problem. It appears that the gears are broken."
Roeddan nhw wedi gadael Wurzburg ers rhyw awr pan stopiodd y bws ar ochr y ffordd er mwyn i'r ddau foi canol oed o'r cymoedd dorchi llewys, crafu pennau moel a ffidlan dan y bonet.

Tra bod hanner y bws yn flin, yn flinedig a jyst isho mynd adre cyn gynted â phosib, roedd yr hanner arall yn cael sbort brifddinesig wawdiol yn dynwared y dreifar o ben draw byd. Doeddan nhw ddim yn flin hyd yn oed pan gododd yr ail yrrwr y meicroffôn i gyhoeddi nad oedd ganddyn nhw gêr cynta, ac o'r herwydd fod angen help llaw'r teithwyr i roi *'push-start'* i'r bws.

Wedi llwyddo i godi digon o spîd i gyrraedd ail gêr ac i danio'r injan, ras wedyn i gael pawb yn ôl ar y bws, ac i glywed llais melfedaidd y gyrrwr yn datgan …

"Now then, gents. It doesn't look as though we'll be stopping until we hit Calais."

Mae yna gryn dipyn o darmac ac oriau maith rhwng Nürnberg a Calais, ond oherwydd y sefyllfa argyfyngus roedd pawb yn fodlon bod yn amyneddgar. Hynny yw, tan i'r bws gyrraedd cyrion dinas Liege yng Ngwlad Belg.

Roedd yna fforch amlwg yn y ffordd o'u blaenau. Chwith am y lôn gylchol ac, yn ôl yr arwyddion beth bynnag, porthladd Calais. Neu gadw i'r dde, a dilyn yr arwyddion reit i ganol y ddinas … a goleuadau traffig rif y gwlith.

Roedd pawb ar y bws, ac eithrio'r dreifar dwl, yn gwybod yn iawn ei fod o wedi gneud llanast o bethau ymhell cyn iddynt gyrraedd y golau coch cynta. A hwythau'n brin o gêr, roedd hi'n ddigon anodd cadw'r injan rhag methu mewn traffig trwm. Ond roedd hi'n gwbl amhosib gneud hynny pan oedd y goleuadau traffig ar goch.

Munud methodd yr injan, roedd yn rhaid i'r bechgyn ruthro oddi ar y bws a dechrau gwthio fel y cythraul. Profodd yn gylch arteithiol o wthio, cychwyn, arafu, stopio, gwthio, cychwyn, arafu, stopio, gwthio … tan i'r gyrrwr lwyddo, rywsut, i wyro'n ôl ar y llwybr cywir am Calais.

Roedd gwthio'r bws ar gyrion Nürnberg ben bore wedi bod yn dipyn o hwyl. Ond roedd yr hwyl 'di hen ddiflannu erbyn cyrraedd y pedwerydd set o oleuadau traffig yn Liege. I neud pethau'n waeth, roedd toiled y bws wedi gorlifo ers oriau ac roedd y teithwyr yn despret am doiled glân, pryd o fwyd a chyfle i ymestyn eu coesau.

Yn y bôn roedd hi'n union fel tasa Hollywood wedi penderfynu cyfuno ffilmiau *Speed* a *Mutiny On the Buses*. Roedd y gyrrwr yn ofni arafu gormod, rhag ofn i'r injan fethu unwaith yn rhagor, ond roedd o'n ymwybodol iawn fod y teithwyr am ei waed o petaen nhw ddim yn cael stopio yn rhywle. Fel rhyw fath o gyfaddawd mae'n siŵr, penderfynodd droi i mewn i *'service station'* ar ochr y draffordd, ond i beidio stopio'n stond!

"Gents. Here's a chance for you to have some food, have a piss and freshen up. But you'll have to jump off though, 'cos we're just going to drive round and round in second gear."

Ar ôl neidio allan o'r bws, bron fel Paras yn neidio o awyren, rhuthrodd rhai am dŷ bach tra bod pawb arall wedi dechrau ciwio am fwyd. Roedd un o'r gyrwyr wedi neidio allan hefyd. Druan o'i fêt, y gyrrwr arall, oedd yn styc ar ei ben ei hun bach ar y bws, tra bod hwn yn hel ei fol. Ond na phoener, esboniodd o fod y llall am yrru o amgylch y maes parcio tra ei fod o'n cael pryd o fwyd, cyn i'r ddau gyfnewid lle er mwyn i hwnnw gael tamaid i'w fwyta hefyd.

Gyda llaw, profodd y gyrrwr cynta fod twpdra ieithyddol i'w ganfod ar ein hochor ni o Glawdd Offa hefyd, pan ddechreuodd weiddi *"bacon and eggs, love"* yn uwch ac yn uwch mewn ymdrech ofer i archebu swper. Doedd y ferch tu ôl i'r cownter ddim yn dallt Saesneg heb sôn am Saesneg y Rhondda, ond i wneud pethau'n fwy cymhleth fyth, doedd y gyrrwr ddim fel tasa fo'n deall ei bod hi heb ei ddeall o.

Roedd y ddau ddreifar wedi bod yn gyrru o amgylch y maes parcio am oesoedd, cyn i Reg Varney agor ei ffenast a gweiddi *"last lap!"* ar yr hogiau oedd yn sefyll tu allan i'r lle bwyta. Roedd hi'n amlwg fod neges y gyrrwr wedi lledu fel tân gwyllt, wrth i ddynion redeg allan o bob cornel o'r adeilad yn cario bwyd ar blatiau a gwydrau'n llawn diod. Falle fod y daith bws 'di bod yn hunllefus, ond roedd pawb yn despret isho cyrraedd adra a doedd neb eisiau methu'r bws a wynebu noson arall oddi cartre.

Arafodd y gyrrwr cynta cymaint ag oedd yn bosib heb stopio, ac fe agorodd yr ail yrrwr y drws dianc yng nghefn y bws. Trodd *Speed* a *Mutiny On the Buses* yn fersiwn fodern Gymreig o *Von Ryan's Express*. Tra bod y bws yn cwblhau ei gylchdro ola cyn anelu am y drafffordd, wele ddwsinau o gefnogwyr yn rhedeg i lawr y ffordd gan geisio dal gafael yn y breichiau rheini oedd yn hongian allan o gefn y cerbyd er mwyn eu llusgo nhw i ddiogelwch eu seddi.

Bu ond y dim i un creadur gael ei adael ar ôl. Roedd pawb arall wedi llwyddo i neidio neu gael eu llusgo ar y bws, ond roedd hi'n edrych yn ddu iawn ar un llanc oedd yn trio'i ora glas i ddal y bws. Yn anffodus, roedd o'n diodde o asthma drwg, ac wrth i'r bws gyrraedd y darn o lôn syth sy'n arwain at y drafffordd, roedd y sbrintar bochgoch yn gythreulig fyr ei wynt. Roedd o'n methu'n lân â chau'r bwlch rhyngddo a'r bws, ond yna, wrth iddo edrych dros y dibyn, cafodd egni rhyfeddol o rywle ac fe lwyddodd i glosio cyn gafael yn fregus ym mlaen bysedd un o'r hogiau talaf oedd yn hongian allan o'r ddihangfa argyfwng.

****

"Next stop Calais," medd y gyrrwr gyda thinc o amheuaeth yn ei lais, oedd yn awgrymu nad oedd o cweit yn credu eu bod nhw am gyrraedd y porthladd heb sôn am Rhiwbeina.

Doedd gan Iwan ddim clem by fydde'n digwydd nesa chwaith. Ond fel yr Iwan bach diniwed ddeuddeng mlynedd ynghynt, roedd yr Iwan Pryce hŷn yn disgwyl profiadau yr un mor swreal ac annisgwyl ar bob taith i wylio Cymru. Tydy o heb gael ei siomi.

I Mewn i'r Gôl

"Dwi isho ninety per cent gin pawb am hundred minutes" oedd un o berlau ysgolhaig Ian Tatws, rheolwr Pwllheli Reserves yn y saithdegau. Wyddoch chi beth? Mae hynny'n gallu bod yn ddigon weithiau.

Sefydlwyd Gôl gan gnewyllyn bychan iawn o gefnogwyr hardcôr Cymru, fel rhyw fath o ddatblygiad o'r gêm gyfeillgar a drefnwyd rhwng cefnogwyr y Ffindir a Chymru gan Phil Olyott o Aberystwyth. Bwriad Phil oedd cael mymryn o hwyl, mymryn o awyr iach a chynnig delwedd fymryn mwy positif i'r cyfryngau na'u hen ystrydebau diog am hwliganiaid ffwtbol dwl.

A ninnau mor awyddus i bwysleisio ein bod ni'n greaduriaid gwahanol iawn i'n cymdogion dwyreiniol ar dir estron, dyma fynd ati i drafod syniadau ar daith bws o Helsinki i Valkeakoski, lle roeddan ni'n gobeithio, ond nid yn disgwyl, gweld tîm dan un ar hugain Cymru yn ennill gêm am y tro cynta ers canol y nawdegau.

Un peth ydi cytuno ei fod o'n uffar o syniad da ymweld â chartrefi plant amddifad. Peth arall ydi troi'r siarad gwag yn realiti. Er fod ganddon ni dros ddau fis i feithrin cysylltiadau a chasglu arian a nwyddau, doedd hi ddim yn sioc gweld deng wythnos 'di troi'n ddeg diwrnod cyn i ni fynd ati go-iawn.

Rhywsut neu'i gilydd, drwy ymdrechion cefnogwyr Caerdydd yn Llundain a raffl hen ffasiwn, fe lwyddon ni i gasglu dros ddwy fil o ddoleri yn ogystal â chael gafael ar sawl cit pêl-droed, gan gynnwys un a roddwyd gan hen ysgol gynradd John Charles yn Abertawe.

O fewn dim, cafwyd dwsinau o grysau-T a brwshys dannedd gan raglen blant *Uned 5*, peli ffwtbol, lluniau chwaraewyr a theganau rif y gwlith. Rhaid cyfadde ei bod hi'n olygfa eitha swreal gweld nifer o ffans ffwtbol ffyrnig yr olwg yn agor bagiau chwaraeon llawn tedi bêrs pinc fflyffi yn Gatwick. Am eiliad do'n i ddim yn siŵr ai mynd i wylio gêm bêl-droed ynta cyngerdd Elton John roeddan nhw!

Doedd yr Azeris bach amddifad ddim yn coelio ni 'nôl yn Nhachwedd 2002.

Roeddan nhw wedi gwirioni efo hen git ffwtbol Valley Juniors o Fôn, ac wedi treulio awr dda yn rhedeg o gwmpas y cae chwarae concrit. Pan ddath hi'n amser i ni ffarwelio, dyma nhw'n dechrau tynnu'r crysau a'u rhoi yn ôl i ni. Roedd 'na gofleidio a hen ysgwyd llaw pan esboniwyd iddynt eu bod nhw'n cael cadw'r crysau. Yn ôl un o'r gofalwyr, byddai'r plant yn gwisgo'r crysau trwy'r dydd, pob dydd am wythnos a mwy.

Os rhywbeth, roeddan ni wedi gor-drefnu

yn Baku – mewn deuddydd, bu'r llysgenhadon answyddogol yn ymweld â thri sefydliad plant amddifad yn ogystal ag elusen oedd yn cynorthwyo pobol dan anfantais gorfforol i integreiddio i gymdeithas. Gan fod 'run ohonom yn honni bod yn sant, golygai hyn fynd i'n gwlâu am bump y bore a chodi deirawr yn ddiweddarach er mwyn ymweld â'r cartrefi. Dyna un o'r pethau gorau am apêl Gôl – 'dan ni wedi profi ei bod hi'n bosib cyfuno gwaith da ac amser da!

****

Roedd y prosiect nesa'n fwy uchelgeisiol. Casglwyd digon o arian, nawdd ac ewyllys da i ddod â dau o hogia Azerbaijan, Saleh a Rahim, drosodd i Gymru am benwythnos i fod yn fascots yn y gêm gyfatebol.

Wel am antur – 'upgrade' i seddi busnes gan British Mediterranean Airways, tra bod carfan Azerbaijan yn stiwio yn y seddi rhad, cyn cael agoriad llygad i fywydau eu cyfoedion Cymreig tra oedden nhw'n aros efo teulu ifanc yng Nghasnewydd. Ond yr uchafbwynt, heb os, oedd arwain eu tîm cenedlaethol allan ar faes anhygoel, o flaen cymaint o bobl.

Fe brofodd yn bedwar diwrnod llawn mor gofiadwy i'r rheiny fu'n rhan o'r trefniadau, cofiwch. Tydw i ddim yn berson emosiynol iawn fel arfer, ond rhaid cyfadde fod yna ddagrau yn fy llygaid pan welais i wynebau'r ddau fachgen bach swil o Baku ar sgrîn fawr Stadiwm y Mileniwm yn ystod yr anthemau. Doeddan nhw 'rioed wedi bod allan o Baku o'r blaen. Yn wir, doeddan nhw 'rioed wedi bod mewn gêm ffwtbol go-iawn hyd yn oed!

Ers hynny, bu cynrychiolaeth o Gôl draw ym Melgrâd … ddwywaith! Gyda'r gêm rhyngwladol wedi ei chanslo ar fyr rybudd, 'mond criw bach aeth draw i gartre plant amddifad Dom Za Decu Bez Rodutelja yn mis Ebrill. Er y prinder niferoedd, fe lwyddon nhw i gyfrannu saith gan punt, yn ogystal â chrysau pêl-droed, brwshys dannedd a phethau da i'r plant Serbaidd.

Diolch i un person cydwybodol, roeddan ni wedi cofio dod â phâst dannedd efo ni, i fynd efo'r brwshys bondigrybwyll, erbyn yr ail ymweliad ym mis Awst. Roedd penaethiaid y cartre yn hynod falch o'r fath nwyddau, a'r plant 'di mopio efo'r bocsys candi siŵr iawn! Yn ogystal, roeddan ni wedi penderfynu archebu deugain tocyn ar gyfer y gêm fawr i'w dosbarthu ymhlith plant y cartre. O leia fe gawson nhw fwynhau'r noson yndo?!

Y peth gorau am apêl Gôl yw ei fod o'n gwbl anffurfiol a di-lol. Croeso i unrhyw un gyfrannu amser, syniadau, nwyddau neu arian, heb deimlo unrhyw orfodaeth i droi'n berson pwyllgor hunan-gyfiawn. 'Dan ni'n mwynhau meddwi a chanu allan o diwn fin nos, ond mae'r cwrw hwnnw yn dipyn mwy blasus ar ôl treulio awr neu ddwy yn cwrdd â phlant sydd heb ddim.

Wyddoch chi mai dyma'r peth mwya diymhongar i mi ei wneud erioed? A'r peth gorau hefyd dybiwn i. Wedi'r cwbl, mae 'na rywbeth llesol mewn cydnabod pa mor freintiedig ydan ni mewn gwirionedd, yn cael codi pac a dilyn tîm fel a fynnon ni.

Gan obeithio chwyddo coffrau Gôl, bydd y breindaliadau sy'n deillio o werthiant y llyfr hwn yn mynd tuag at brosiectau nesaf apêl Gôl. Os hoffech chi gynorthwyo Gôl mewn unrhyw fodd, neu os ydych am wybod mwy am ein gwaith, cysylltwch â ni. Byddai 90% o ymdrech am gan munud yn dderbyniol iawn!

www.gol.org.uk
e-bost: info@gol.org.uk

Urdd Gobaith y Cymry

"Doctor, Doctor, dwi'n meddwl mai gwyfyn ydwi."
"Mae'n ddrwg gen i ond fedra i ddim dy helpu di. Seiciatrydd wyt ti ei angen. Pam ar wyneb daear ddois di ata i?"
"Wel, ro'n i'n digwydd pasio, pan nes i sylweddoli fod y gola' mlaen ..."

Uffar o jôc dda 'dê? Nid fod pawb oedd ar y daith trên o Pavia i'r miri mawr ym Milan yn rowlio chwerthin pan ddudwyd hi gan Jerry, cofiwch. 'Mond pan sgoriodd Inzaghi ei drydedd gôl nath o fy nharo i (ynghyd â sawl potel llawn piso a dŵr!) fod yna fwy o ddyfnder metafforaidd i jôc Jeremy Jones. Y gêm 'di'r gannwyll, a ni, gwir gefnogwyr Cymru, yw'r gwyfynod druain dryslyd siŵr iawn. Hoffwn fachu ar y cyfle hwn i ddiolch o waelod calon i'r holl wyfynod canlynol am yr ysbrydoliaeth, ac am fod mor barod i roi o'u hamser, eu straeon, eu lluniau a'u gonestrwydd i sicrhau fod y llyfr hwn yn gweld golau dydd:

Mark Ainsbury; Ari, Ian a Dafydd o Ddinbych; Mike Bailey; Pete Bailey; B A Y, B A Y, B A Y C I T Y (with an R O double L, E R S, Bay City Rollers are the best); Humph, Ianto, Tim, Parcyn, Eilian a gweddill cenhadon y Bala; y brodyr Boore (Gwil, Rhys ac Alun}; y Booze Crew; Adrian Colley; Chris Collins; Cowboy (Wayne John ydi'i enw iawn o!); Dai Davies; Iestyn Davies; Iorwerth Davies; Hogia 'Dial M for Merthyr'; Vince Driscoll; Neil Dymock; Sarah Ellis; Emyr, Kirk a Mali o Ddyffryn Nantlle; Mark Evans o Gymdeithas Bêl-droed Cymru; Richard Greene a hogia Pwllheli; Griff; Richard Grigg; Glyn ac Emyr Gruffudd (Deiniolen); gyrwyr tacsis gwallgo yn Estonia, yr Wcràin ac Azerbaijan; Roland Harris (am deithio o Hwlffordd i Helsinki drwy Beijing!); Rhys (Chester) Hartley a'r teulu; Colin Hawkins, Scoot a Dai am y fodca ffrensi yn Baku; Pete Hounsell; Catrin Hughes am ei hamynedd, ysgogiad a'i beiro goch; Leigh James a Jos; JB o Abertawe; Duncan Jardine, Denise a Stacey; Jarvo; Huw 'Chick' Jones; Jeremy Jones; Keith 'Fuzzy' Jones o Froncysyllte; holl staff y Lancaster Gate yn Baku; Larwm; Raynor Lewis; Glyn Lloyd; John Lloyd; Steve Lloyd; Gary Mayall; merched anhygoel Estonia, Helsinki, Kiev a Belgrâd; Perry Morgan; Phil Olyott; Jeyhun Osmanli a Gunel Safarova o'r Azerbaijan Volunteers Union; John Perrett; Tommie, Terry, Tal, Kippax, Humph a gweddill hogia Port; plant siriol y cartrefi plant yn Azerbaijan a Serbia; Alan Prickett; y tri brawd Pritchard (Gary, Bryn a Hywel); Hywyn Pritchard; Guto ac Iwan Pryce; Rahim a Saleh; Ronald McDonald; Rob Santwris a'i deulu; Joe Strummer a'r Clash; Geraint Thomas; Tiny a Cols o Gaergybi (a Holyhead!); yr Undertones am 'Teenage Kicks'; Glenn Villis; Dave Bach Williams ac, wrth gwrs, pob un wan jac sydd wedi gwisgo'r crys coch â balchder.

Wrth i'r llyfr hwn fynd i'r wasg, mae yna hen edrych ymlaen hyderus bryderus at y gêmau ail gyfle yn erbyn Rwsia – gêmau pwysica Cymru ers y gêmau pwysica diwethaf mae'n siŵr. Ond wrth baratoi i adael am Moskva bell, dwi'n cael f'atgoffa o eiriau dadlennol Brian Stimpson – cymeriad rhwystredig John Cleese yn y ffilm *Clockwise*:

"It's not the despair. I can stand the despair. It's the hope that gets me."

Dilyn Cymru

"Hwyl, cyfeillgarwch, teyrngarwch, angerdd. Cymru am byth." (Sarah Ellis)

"Ambell uchafbwynt gorfoleddus mewn môr melancolaidd." (Chris Collins)

"Y gymysgedd o'r melys a'r chwerw." (Geraint Thomas)

"Trallod, methiant, digalondid, chwant, cariad, canu, yfed, harddwch, gogoniant a gorfoledd." (Mark Ainsbury)

"Cymysgedd o felltithio a llawenydd, ond mae golau ar y gorwel." (Iorwerth Davies)

"Profi pethau na fydde modd i chi byth ddychmygu." (Neil Dymock)

111

"Cyfeillgarwch, balchder, cyffro, disgwyliadau, costau, a chymaint cymaint mwy." (Duncan Jardine)

"Diddordebau? Chwarae, gwylio a darllen am bêl-droed." (Rhys 'Chester' Hartley)

"Sbort, angerdd a chred 'n bod ni 'n well na 'r lleill, waeth be fo 'r sgôr." (Huw 'Chick' Jones)

"Gwell na diwrnod 'Dolig. Gwell na diwrnod pen-blwydd. Gwell na rhyw." (Jeremy Jones)